恋一生

让你幸福相爱的秘诀

石一◎著

九州出版社
JIUZHOUPRESS

图书在版编目（CIP）数据

恋一生：让你幸福相爱的秘诀 / 石一著 . —北京：
九州出版社，2018.7

ISBN 978-7-5108-7360-7

Ⅰ. ①恋… Ⅱ. ①石… Ⅲ. ①恋爱—通俗读物
Ⅳ. ① C913.1-49

中国版本图书馆 CIP 数据核字（2018）第 155578 号

恋一生：让你幸福相爱的秘诀

作　　者	石　一　著
出版发行	九州出版社
地　　址	北京市西城区阜外大街甲 35 号（100037）
发行电话	（010）68992190/3/5/6
网　　址	www.jiuzhoupress.com
电子信箱	jiuzhou@jiuzhoupress.com
印　　刷	北京盛彩捷印刷有限公司
开　　本	880 毫米 ×1230 毫米　32 开
印　　张	7
字　　数	150 千字
版　　次	2018 年 7 月第 1 版
印　　次	2018 年 7 月第 1 次印刷
书　　号	ISBN 978-7-5108-7360-7
定　　价	39.80 元

目录

前　言

　　曾经有些人喜欢在电话里听我说话，后来更多人喜欢在视频里看我说话。你们说记忆最深刻的是我严肃的面容、低沉的声线、犀利的话语，但是这三者合一，其实是我不变的初心。

　　之所以想写这本书给此刻的你，是因为有一天深夜，当我的妻子跟女儿熟睡的时候，我翻看相册中曾经的自己，看手机里珍藏了很久的视频，回想起当年的青涩。熟悉的画面，熟悉的视频、音乐，让我沉浸在过去的岁月中。当年的误打误撞让我进入了挽回爱情这一行业，这么多年过去了，往事历历在目，而身边早已物是人非。从最初的小工，到自己开店；从经历危机，一无所有，到一切从头，重新开始。我已经从一个帅气的单身小伙，变为拥有爱我、支持我、尊重我的妻子以及一双可爱儿女的丈夫、父亲。一路征程，一路漂泊，一路奋斗。

　　都说人有了故事，就会变得世故。简单的人经历了复杂，就难以保持单纯。的确，我也变了，工作越来越繁忙，陪伴家人的时间越来越少，人越来越胖，甚至一度不知道自己最喜欢做些什么？但庆幸的是我和妻子依然相爱，儿女健康成长，每天看着他们，我内心无比地开心。

我没有忘记初心，依然保持最初的真诚。只要面对客户，那么我依然敢于吐露真心，坚持黑白分明，传递向上的正能量，帮助你挽回爱情。这么多年过去了，社会在不断地向前发展，但是我这十几年的经历告诉我，无论这个社会是怎么发展的，客户们最希望得到的依然是彼此之间最真诚的、最有效的帮助。

今天我打开电脑，好像找到了一种能与他人最单纯、最默契、最共鸣的交流方式。用最原始的方式向你们展示我的内心，向你们传达我心底的声音，为你们指出在两性之中我们曾经都犯过的错误，告诉大家该如何正确挽回自己的老公。我愿畅所欲言，吐露真心，或许你们也可以在其中找到自己。让我与你一起，飘荡在城市间的每一个角落，看似没有任何连接，初心却交织在一起。

希望你们的家庭都能收获幸福美满，一夫二子一世界，一生一世一双人。即便你现在独自一人，但仍要相信幸福离你并不遥远，感知幸福比寻找快乐更加重要。一起加油吧！我在这里陪着你。

因为工作上的原因，我经常接触一些女性精英人群，比如一些女艺人、女企业家，甚至一些女政治家，等等。很多时候，我们都会将这些成功女性视为终身学习的榜样。说实话，在事业上面，很多男人包括我本人，都无法超越她们。你即便再怎么努力，我也没有办法让你去超越一个女明星、女企业家，或者是女政治家。但是如果你能懂得处理两性关系，懂得经营自己的情感，懂得经营自己的婚姻，处理好婆媳关系，正确地跟自己的老公相处，最终获得幸福婚姻的话，那么这就是我做情感咨询以及写这本书，最初的初心和动力了。

经常有人这样问我：石一老师，为什么我懂得的道理那么多，可我就是谈不好恋爱？为什么我没有办法跟我最爱的男友结婚？结婚后为什么我跟老公生活在一起不幸福？为什么老公在我生完小孩之后就对我特别不好，甚至出轨？每每看到很多女性提出这样的问题，我总会感到心痛。

爱情的圆满和家庭的幸福，是很多女人所渴望拥有的。但是在通往幸福的这条路上，又有多少女人走对了路呢？我见过很多女孩，遇到了她们喜欢的男孩，但是在跟男孩相处的时候，要么就是没有底线，毫无原则地对这个男生好。心里想着，总有一天，会把这个男生感动；总有一天，他会知道你的心意，但事实的结果却是，这个男人离你越来越远。

另外一种就是等待，永无止境地在等着那个男人，即便对方是一个浪子，是一个飘忽不定的人，你的心里依然盼望他能够回头来找你；依然期盼他有一天能够安定，那样他一回头就能看到你。凭借着一个"傻"字来表达自己的爱意，不仅用错了方法，还挑错了人，所以在现实生活中就有那样一句话——好女孩总是在受伤。

当然，现实生活中还有另外一种女人，她们往往崇尚自我奋斗，经常在追逐自己的梦想，追逐自己事业成功的路上，把自己活活变成了一个女强人、女汉子。她们把自己活到了男人的世界里，却没有活出女人的风采，如今有太多的女人都是如此，这完全违背了自然规律。

有的女人只想着男女平等、宣扬独立、追求事业上的成功，这本身并没有错。但是如果做得太过极端，仿佛同你身边根本就不需要一个男人，并且还一再地跟男人一较高下的话，那么你就很容易陷入情感误区，从而错过自己的幸福。

所以，在这个世界上特别优秀的女强人们，并不是说她们有多么不成功，也不是说她们懂得的道理少，而是没有认清作为女人的一个优势，也不懂怎样发挥自己的性别优势。一方面想要得到男人的竞争力，另一方面又要享受女人的优势。违反自然规律的结果，只能是在感情的路上受苦。

那是不是说，女人就不能爱情事业双丰收，就不能去拼搏了吗？

当然是可以的。我特别钦佩那些立志奋斗拼搏、追求梦想、实现自我价值的女人，因为她们从一开始就注定选择了一条难于常人的道路，那是一条需要付出更多努力的路，更加要懂得跟自己的性别优势相结合。

而在我们的现实生活中，总会出现这样的两种情况：

第一种就是在你结婚前，男人把你宠上了天，任你胡作非为，你的所有胡闹他都包容。但是你们结婚之后，尤其是在产后，男人却突然翻脸，对你恶语相向，不理不睬，甚至夜不归宿。任你带着孩子，无计可施。在很多女人看来，这种变化是毫无征兆的事，是不能理解的。为什么男人在结婚之前和结婚之后，会有这么大的差别？

而另一种版本是男人在结婚之前，对待女人就很不错，结婚之后，对这个女人更加宠爱以及呵护，令周围的女人羡慕不已。

那为什么在结婚之前和结婚之后会有如此大的差别呢。

也许你会说可能是男人和女人的思维是不一样的。而我要说的是出现这样的结果，我们不得不说很多事情其实都是种瓜得瓜，种豆得豆的。

有些女孩在恋爱的时候，在结婚之前，认为自己有资本任性，有资本胡作非为，而且还要让男生一再忍让。因为这个时候的女生属于处于优势地位，长得好看，身材又好，自己的价值处于顶点，而男人在这个时候没有车，没有房，没有钱，处于劣势的状态。很多女孩在青春期开始，就一直享受着被追求的待遇，习惯了对男人发脾气，提各种要求，甚至用分手来威胁对方。而男人们通常都会哄着女人，让着女人，此时女人仗着自己的优势，享受这份优待。

但是女人往往会忽略这样的一个问题，就是男女双方的价值会随着时间关系和处境的不同而发生变化。女人的优势地位不会是永恒的，相反，甚至是非常短暂的，而男人的性别优势则逐渐显现。这是在结婚以后，而且是长期的，尤其是在女性生育完之后，进一步体现出来。

所以如果作为女人的你在结婚之前，在生育之前，一直骑在男人头上。那么在结婚之后，或者说在生育之后，男人就很容易反过来，对你不好，甚至出轨。很多女人在感觉到自己的老公没有之前那样爱自己了，甚至出轨了之后，就会用错误的方式去对待自己的老公，自以为用谩骂就能骂醒他。这和所有婚姻里的女人一样，都使尽了力气，试图改变自己已经变心的老公，并希望通过那些所谓充满爱意的批评，或者是埋怨，能让对方醒悟，但结果却往往适得其反。因为这些出于爱的批评埋怨，对于男人来说，是一种难以忍受的蔑视，这就更加速了男人想要离开你的念头。因为你没有尊重他，从前没有尊重他，到了现在依然还是没有尊重他。女人视爱如命，男人视尊重如命。就如同女人认为没有了爱整个世界就崩塌了一样，男人则认为你不尊重他，就是在践踏他的心中的最后一道门槛。为了心中最后的一点尊严，他会离你越来越远。

恋一生：让你幸福相爱的秘诀

第一章

恋　　　一　　　生

Chapter 1

不幸的婚姻，究竟谁是受害者

　　"怎么样才能让他重新爱我，就像我还爱着他一样？"这是我在从事婚姻挽回工作这么多年以来，那些作为妻子的女人们问我最多的问题。她们对着我，一边流着眼泪，一边诉说着她们在婚姻中的痛苦时，我的内心也同样非常痛苦，为这样的女人流泪，也心疼这样的女人。我知道她们是那样重感情，很多的故事我都是一边流着眼泪，一边听她们说完的。从我刚开始从事婚姻咨询的时候，我就开始对那些男人们、丈夫们产生了厌恶。我会想为什么会有这样的男人，他们为什么不明白自己对妻子做了些什么？为什么要去伤害那样爱自己的妻子？为什么丈夫们可以那样去伤害自己的妻子？而我也非常想要找到一种方式，帮助那些在痛苦之中的女人们、妻子们，让她们的丈夫能多爱她们一点。

　　不幸的婚姻会造成什么样的后果？我小的时候就深有体会，因为我曾经就是一个不幸婚姻家庭的牺牲品。在我很小的时候，我的父母就经常发生争吵，打架更是家常便饭，可以说我的整个童年就是在他们没有休止的争吵和让人无法呼吸的氛围中度过的。我见过的那些场面，就像烙印一样，永远地留在我心灵最深处，而小的时候我经常会伴随着泪水入睡。那样印骨子里的痛苦，那样刻骨铭心的回忆，我至今难以忘记。

现在的我回想起父母那段不断争吵的日子，我突然明白了他们为什么不幸福，我明白了他们不断争吵的根本原因。童年时期，我就一直在思考父母是在哪里出现的问题。我知道他们并不是故意为了伤害对方，而打击彼此的。可是，他们从未做过任何的改变，哪怕是一点点。

女人送礼物，男人不高兴吗

　　上了大学之后。我遇见了很多女孩。是的，我进入了一个该恋爱的年纪了，但是我的恋爱之路并不是那么一帆风顺。因为家庭的影响，年轻时候的我不想像我的父亲那样伤害女人，我认为那是不对的。所以刚开始追求女孩的时候，我总是想尽办法对女孩好，总想把最好的自己呈现在女孩面前，我想给她最好的一切，想方设法地呵护我喜欢的女孩，请她吃饭、请她看电影、送她礼物……

　　但最后换来的结局，却总是那么不尽人意。我一次一次地被拒绝，一次一次地看着我喜欢的女孩，投入别的男孩的怀抱之中。这和我脑海中的印象完全不同，不应该呀！为什么我对女孩那么好，她们却总是离我越来越远？后来我在网络上寻找了很久，正确追女孩的方式，我也学到了很多。最后我知道了，原来女孩并不是追求来的，也不是对她们好，她们就会爱上你的。小时候妈妈对我说的"只要对女孩好，就有女孩喜欢你"，原来并不是百分之百对的，甚至是完全错误的。这个时候我才意识到，原来我脑海中一直以为把握自己情感的正确方法，在现实生活中是错误的。

后来，我在学习了很多追女孩的方法之后，终于掌握了正确的方法，开始有非常多的女孩主动约我，这些都是我此前从来没有过的经历。原来想要追到自己心仪的女孩，依靠的是提升自己，是吸引对方，而不是纯粹地做好男人，不是纯粹地"对女生好"。自此之后，我发生了翻天覆地的改变，我不再是一个"屌丝"，我不再是一个只一味对女人好的男人。我开始了我的第一段恋情，追求到了我心仪的女孩。

她叫美玲，她是那么美，那么漂亮，非常上进，又富有爱心的姑娘，在我心中就如同女神一般。我曾暗下决心要跟她好一辈子，要跟她结婚。但当我们真正接触的时候，我发现我们之间没有办法像我想象中那样，美好地交往下去。我们虽然成为情侣，享受着美好，但是同样也体会到了情侣之间相处的困境，经常为了一点小事就大吵大闹。

在大四那一年的元旦，她为我买了一件非常好看的外套，我打开盒子，拿起外套看了看，然后说了一声谢谢。

"你不喜欢我买的外套。"美玲这样对我说。

我非常困惑地说："我当然是喜欢的。"

她非常肯定地说："不，你一定不喜欢，你看起来一点都不开心！"

我对她的话感觉到吃惊，我再一次非常认真地对她说："不，亲爱的，我真的喜欢。"

她变得更加激动，并反驳说："不，你根本就是不喜欢，你还对我说谎话！你看起来就是一脸的不高兴。如果你真的非常开心，你一定会表现得很兴奋，然后对我说很多很多感谢的话。当我给我的闺蜜送礼物时，她们都会这样说：'谢谢你宝贝，这个太好了！这个正是我想要的！这个礼物太棒了！'元旦是一年的新开始，我们应该表达我们对彼此的热情。"

以上是美玲对我说的话。当美玲被一件事情感动时，她会一次又一次地对别人表达感谢。但是对于我来说，我并不会说很多的感激之词，看起来似乎是心不在焉地把外套放回到盒子里。也正是因为我这样的做法，从而让她认为我不珍惜她对我的付出，我不懂她的用心。这件事情对于当时的我来说，是完全出乎意料的，更是所有男人都想不到的，我对她的过激反应一片茫然。

但是我们都没有再继续纠缠下去，也许她开始失望了吧，认为感受不到我对她的爱了。虽然我自己知道我是爱她的，当然我也知道她是爱我的，但是她开始怀疑我不像她爱我一样的爱她。当她认为我对她送的礼物不喜欢的时候，我就感觉到她似乎并不是真正喜欢这样的我。而我们都不知道这究竟是为什么？

后来，我开始从事婚恋咨询工作，也开办了自己的工作室。在这段时间里，我开始研究性别差异，也就慢慢了解为什么男人和女人之间的想法、做法有这么大的不同。我完全理解那些过来找我咨询的客户的感受，因为这样的感受我也曾经体会过。

或许你是对的，但也不该大声说话

举个例子：美玲和我在对待社交上，就有截然不同的方式和态度。

美玲是一个喜欢跟别人沟通、善于表达的人，在跟别人交流的时候，她神采飞扬。但是我做事一贯理性，不动声色，在跟别人交流的时候，我也能够做到礼貌客气，表达真诚，但我并不像美玲那样，可以在人群之中游刃有余，并且乐享其中。

一天晚上，我们去参加一个社团的活动。在回来的时候，美玲终于说出了在心里积压了好几个星期的对我的不满。"今天社团讨论活动上你太沉闷了。"美玲似乎有些生气，"你严肃的样子真的很让人害怕，并且不容易亲近。特别是你开口讲话的时候，你所说出来的话真的非常难以让人理解。一些新进来的社团成员，根本就不知道你在说什么。"

美玲说的这些话让我大吃一惊，我试图为自己解释："你为什么这么说，我那么做是因为我想倾尽全力去倾听他们，理解他们的诉说。"

但是听完我的话之后，美玲更加激动了，声音又提高了很多："那你应该让你周围的人感到轻松一些，别让人家那么不自在。你应该让他们说出真实的情况，不要自以为是，不要像领导一样，把自己放在那么高的位置上！"谈话到最后，美玲几乎是用喊的方式，把她想说的话喊了出来。

我并没有马上去反驳她，而是安静了下来。说实在的，我的内心是有一些难过的，不仅仅是因为她说话的内容，还有她跟我说话时候的态度和语调。在我安静了一会儿之后，我对她说："美玲，也许你是对的。但你也不应该对我这样大喊大叫。"

回去之后的第二天，美玲对我说，那次谈话，对她的触动是非常大，甚至改变了她的整个生活状态以及为人处事的方式。她意识到她对我的为人处事、社交方式等，一切的评价也许是对的，但是她的表达方式有些过于犀利了。从那次谈话之后，我们的生活中也减少了许多摩擦。有的时候还会彼此提醒："你看，也许你说的是对的，但你不该大声说话。"

这段小插曲，对我的意义非常重大，为我以后能够清晰地表达而奠定了基础。我知道美玲是很爱我的，但有的时候，她就是不能控制住自己的情绪，因为她太想帮助我了，她希望我能了解她对我的爱，明白她做出的所有举动都是出于爱。但问题是，她表达爱的方式却是以牺牲我的尊严为代价，我感受不到尊重，我的自尊心受到了严重的打击和伤害。

这么多年来，我们一直被这样的问题所困扰着，我相信你也一定试图寻找解决这一问题的方法，过程一定比我想象的要复杂、困难很多。

你或许有过很多这样的经历，比如：你会在意某一个男方并不是很在意的问题。在你提出来后，有的时候他会听取你的意见，并尽力改善自己，但有的时候难免他会有一点点的疏忽。每当这个时候，你就认为他不在乎你的感受，或者他不爱你，并对他大喊大叫，甚至辱骂。

当我开始在婚姻挽回方面的创业后，我见过太多这样的情况了，我完全可以理解到作为女性感受不到来自丈夫的爱而产生的愤怒，我也能体会到老公在被妻子辱骂时，作为男人的最后的一点尊严被妻子肆意践踏的痛苦，而令人为难的是他们之间却互相体会不到对方的痛苦，也体会不到对方的需求。

男友忘记了你的生日怎么办

　　时间过得非常快，美玲的生日就要到了。她开始幻想我会给她买买各种各样的礼物，对她说各种各样的甜言蜜语。作为女人的她，总是会记得我的生日，但是作为男人的我，却总是记不住她的生日。

　　其实像美玲这样的女人，她也很明白，健忘并不是什么大的问题，也并不能代表我不爱她，更加不能代表我忽视她。她却仍然非常好奇我究竟是怎么想的。因为在大学交往的这四年里，我两次忘记她的生日。所以这一次，她特意把之前关于她生日的卡片、朋友圈等所有的东西，都隐藏了起来，没有留下任何一丝即将要过生日的迹象，而我却被蒙在鼓里，毫不知情。我一如既往地，每天去上课，然后参加实训以及各种活动。

　　就在她生日的那一天，我照常和一个朋友出去吃中午饭。而到了晚上，我跟美玲一起吃饭的时候，她轻轻地在我耳边，问了这样的一句话："今天晚上你准备送我什么生日礼物啊？"

当时的我根本不知道应该用怎样的语言来表达我的感受，只觉得全身从上到下，一下子都凉透了。

我吱吱呜呜，不知道该对她说些什么？但那个时候我知道，其实她是想从我的反应当中推测出，我是不是没有记住她的生日。

说实在的，我不能为自己的健忘做出任何的辩解，在那个时候我只感觉自己像是一个在法庭上等待被审判的犯人一样。我内心的潜台词是：我真的忘记了你的生日，但我也真的不是故意的。

就是因为我这一次的失误，造成了我们之间不可逆转的情感破裂。

美玲觉得，我忘记了她的生日就是因为我不够爱她，她跟我说了很多之前她从来没有给我讲过的话，全都是一些琐碎的小事。比如：她不喜欢我穿条纹的袜子，她不喜欢我翻身的时候动作特别大，她嫌弃我不够温柔，她嫌弃我不会说一些甜言蜜语。她跟我说了很多很多，我以前从来不知道的东西。她说她感受不到我对她的爱，而我面对这些铁铮铮的事实，却什么话也说不出口。她的理由那么充分，竟让我说不出一句话，最后她哭着离开了，留下了我一个人孤零零地站在原地。然后，我狂奔回寝室，逃一样地狂奔，我确实只想逃走。

现在我把我和梦玲的小秘密讲给大家，是想让你知道，我的情感也并非是完美的。我也会不断犯错，我也会遇到很多困难，好在我会面对困难，克服困难，寻找方法，因为我相信胜利迟早会属于我。最后，我终于找到了改善两性长期相处状况的秘诀，当然我也相信这个秘诀适用于所有的情侣、夫妻。

爱情的本质

我相信有很多女人都喜欢童话故事里的美好爱情，可是这些看似美好的爱情，在现实生活中没有办法很好地呈现。

但是，非常幸运的是，爱情的本质就从来没有变过，不一样的只是爱情的游戏规则和通向婚姻道路的方向。即便如此，我们依然还可以摸索出一些规律。

人类文化其实一直在歌颂着爱情的美好，以及爱情所拥有的力量。歌颂只要有爱就可以打破重重阻碍，然后两个人永远在一起。但遗憾的是，现实生活中大半部分时候，并不是这样的。

我们经常说的爱请，说穿了只是一种精神方面的力量，它的力量非常薄弱。它不能让男人们自发地主动地向你求婚，也没有办法解决因为彩礼而不得不分手的情况，同样更无法解决因为意外所造成的女性怀孕的问题。所以爱情的力量，其实并没有你想象中那么伟大。不过是很多网络上的写手，把它写得很美好，你被心灵鸡汤洗礼着，一旦到了现实中，所谓的爱情甚至弱不禁风。

很多人可能都不知道，我们对爱情的定义其实是建立在性的基础上的。对于爱情，人们都是非常向往的，但是对于性，人们却全然无知，甚至躲避。

我们的爱情所指向的那个人，就是令我们产生爱意的那个人，但婚姻却是另一码事。男人和女人对待婚姻的理解，以及达到的途径，是完全不一样的。

看到这里可能有很多人会非常生气，甚至质疑我，对我说爱情怎么可以和性，甚至和繁衍联系在一起，这简直就是胡闹。

那我给你举这样的两个例子：

案例一：

把一个20岁的年轻帅气的小伙的照片和一个58岁的老大妈的照片，放在一起；再把同一个男生的照片与一个20岁小姑娘的照片，放在一起。这两组进行对比。

请问：你觉得哪一组可能会迸发出爱情？

没错，你一定会说"当然是跟同龄的小姑娘啊"。我们接着继续看。

案例二：

把同一个年轻小伙的照片和一只小狗照片，放在一起；然后把同一个年轻小伙的照片和一个老奶奶的照片，放在一起。

请问：你更愿意相信哪一组会产生感情？

虽然，这个选择很困难，但是我相信更多的人一定会选择年轻小伙和老奶奶。当然现实生活中也存在这样的特殊情况。

好了，通过上面案例二的对比，我们其实可以清晰地可以看出来，为什么你会认为年轻小伙跟狗之间没有办法产生爱情，而他更可能和一个老奶奶产生爱情呢？很简单，因为这个年轻小伙的性的对象是女性。

而从案例一中我们总结出，年轻小伙更可能和同龄的女性发生爱情，而不是和一个老奶奶产生爱情。原因就是那个女孩儿漂亮，而且年轻。在男性眼中，漂亮和年轻所指的其实就是这个女性的繁衍价值。

而综合上面两个案例，我们就可以进一步总结出来，我们爱的指向其实就是我们性的指向，而我们爱的根本其实就是为了繁衍。

爱情并不是凭空来的，它是需要一定的条件才能够培养出来的，就像一朵花一样，它需要阳光、空气、水才能够茁壮成长，开出鲜艳的花朵。同样，也只有在天时、地利、人和的条件下，才会被喜欢的人看中。而有一些方法可以让你更加快速地获得爱情，也可以快速地挽回你的老公。

虽然，这样的说法和你曾经受到过的教育，是完全不一样的，你或许会感到排斥，但是很遗憾，事实会向你证明，这样的说法才是正确的。

第一章

婚姻的本质

前段日子，小喵在某致命的征婚网站上认识了一个有钱又帅气的男生A，小喵非常主动，主动地约男生见面约会，之后也是用各种电话、微信霸占男生的时间。两人慢慢开始规律性的约会，并以男女朋友相称，但男生好像并不是那么着急结婚，微信上也总和别人有暧昧信息，甚至深夜电话。小喵想独占这个男人，但很明显这个男生的心不全在她一个人身上。

小喵一边哭一边对我说："我就是想要一份简简单单的感情，然后结婚。为什么就那么难？"

我说："小喵呀，你要的可不是普普通通的感情。如果你真的只是想要一份简简单单的爱情，那么你为什么不去找你的同事或者同学恋爱？而是选择一个有钱又帅气的，难以驯服的成功男人？难道你不知道这样的男人，很多女孩都喜欢嘛？你明明知道这样的男人身边充满诱惑，你自己又不具备足够绑住这个男人的资本，却渴望着这个男人只属于你一个人，这怎么可能？你要的爱情不符合正常规律。"

"如果你要的是一个对大多数女孩子都有吸引力的男人，又渴望他只属于自己，那你就不能渴望顺其自然，而且一帆风顺。因为你要的爱情，本身就不是自然状况。"

小喵有点儿似懂非懂，我继续说："要不我问你几个测试题，看你对爱情了解多少。"

小喵点点头。

"为什么男人要追求女人？"

"不知道。"

"那男人为什么不追求母马或者母狗呢？"

"那肯定不会呀。"

"为什么大多数男人要追求年轻漂亮的女人，而不是那些老奶奶呢？"

"因为美啊。"

"美的定义是什么？什么又是美呢？"

小喵有点懵："那可能是人的本能吧。"

很遗憾，我看出来了，小喵并不知道爱情和婚姻到底是什么，她对于情感的自我掌控力也非常低。

一个对于爱情和婚姻并不理解，又渴望得到超出自己能力范围的配偶的人，注定是不可能有好结果的。果然，没过多久，小喵被男生甩了。

其实婚姻的本质就相当于一个契约，结婚证相当于合同，这个合同并不是为了你们之间的浪漫或者是爱情而建立的，而是基于你们从此以后要共同抚养你们的后代，而建立的合同。

而两个人之所以要签署合同，结成婚姻，其实也是要相互弥补对方，用自己所擅长的东西，去换取对方所擅长而自己没有的东西，然后共同来抚养小孩。

男人和女人共同孕育一个小孩，其实就是由男人提供一半的染色体，再由女人提供另一半的染色体，然后在女人的子宫内共同孕育一个小孩。取长补短，基因尚是如此，婚姻必然也是如此。

在这个社会上有没有真挚的爱情？有，但只是少数。那样轰轰烈烈，那样愿意为彼此付出性命的爱情，在这个社会上还是少数的。爱情本身是排他的性冲动，并不只是所谓的一见钟情，以及日久生情。其实在传统意义上的父母之命，媒妁之言里面，也同样存在。

婚姻比爱情本身要重要得多。因为在共同抚育后代这件事情上，爱情远远敌不过婚姻，契约精神比爱情来得更有力。那些凭着一时冲动而生下来的小孩，虽然在法律上是被承认的，但是在竞争力和成长环境上面，远远比不上那些在婚姻状态下生下来的小孩。因为在婚姻状态下，我们更加注重的是对方身上那些我们没有的特性，这意味着能不能给我们的下一代带来更多样的变化？比如：我是一个丑男人，我想找一个非常漂亮的女生做老婆，我努力地追求到了她，她能不能让我的后代变得好看一些？

而女人想的是，我是一个女人，我现在没有能力独立养一个小孩，这个男人能不能让我的小孩有一个很好的成长环境，这就是互补。

为什么要让男人来追求你呢

我们再一次回到了上面的问题，为什么要让男人来追求女人？

因为只有女人才能生下男人的后代，而其他物种是办不到的。如果他们不追求女人的话，就会绝后。

而男人之所以挑那些长得好看的女生，其实很简单，就是因为从繁衍的意义上说，具有较高价值的基因，可以让男人的后代变得好看。

这又回到了繁衍的问题上面，也就回到了爱情的本质上面。可能你会说，为什么一定要繁衍，有没有后代真的就那么重要吗？

是的，有没有后代这个问题是非常重要的。

地球上所有的雄性物种，哪怕是一个简单的单细胞生物，都在努力地寻找配偶，繁衍后代。因为如果哪一个雄性没有找到配偶，那么它就不会有自己的后代，就意味着被自然界淘汰。

很多人以为所谓的爱情，是天生的。其实并不是，它并不是凭空产生的，也不如你想象中的浪漫，它是在一系列条件下所共同产生的人类独有的产物。所以说选择配偶这件事是非常重要的，你一定要睁大眼睛，不要任凭自己身体里的荷尔蒙的作祟，找到不值得托付的男人。

好了，这个问题我们讲完了。男人之所以追求女人，其中一部分是因为繁衍的需求。那我们接下来要讲另外一个问题，为什么是男人追求女人，而不是女人追求男人。接下来我们将会看到下一个案例。

案例：

A男看着离婚官司失败的判决书，愤愤不平："我就想不明白，这几年，她除了生孩子啥都没干，家里大事小事都是我操心，公司上千万的资产也是我一个人管！为什么？为什么离婚竟然要分给她足足一半家产？"

A男老婆的律师不紧不慢地说"其实有些话不该由我来说，但同为男人，我不得不告诉你一点，婚姻就好比合作酿酒，男人出水，女人出米，酿出好酒一人一半。现在你的意思是酒酿成了，你要拿回已经成为酒的水，只把留下的糟糠给她，这合理吗？没听说过糟糠之妻不下堂？想要拆伙，当然要把酒分出来。"

A男似乎受到很大触动，脸上阴晴不定。他前妻被前岳父带出了屋子，一眼也没看他，径直走了。

通过上面的案例，我们可以总结出，这个男人在结婚之后看不到女人对他的付出，他以为女人在家无所事事，所以在结婚之后，他觉得这个女人配不上他。而女人在家里为他付出了很多他看不见的东西，妻子默默地付出，却被自己的丈夫抛弃，被这样的对待是不公平的。

我们需要知道在这个世界里，无论是男人还是女人，哪一个性别都不是轻松的。男人看不到你的付出的时候，觉得你是没有价值的，觉得你配不上他，想要抛弃女人。不过社会是公平的，同样，如果有一天女人觉得这个男人没有办法给她提供优质的生活，觉得这个男人没有价值的时候，也会无情地甩掉这个男人，这就是自然规律。

女人希望男人追求自己的时候投入一些，其实是想为自己的后代营造一个好的成长环境。而现实生活中，男人对女人的这些投入成本，也是他力所能及的，是他能够承受的范围之内的，但女人也不要盲目地对男人要求他做不到的事情。我也反对女人任性地让男人给你投资买各种名牌包包，如果他承受不了，他一定会离开你。即便他没有离开你，他也接受了你高压力的考验，而你们也步入了婚姻的殿堂，但如果他之前对你的投资过多，而回报太少，从而产生了积怨。那么，你婚后的生活，甚至产后的生活，就有可能发生不好的变化。在你怀孕或者生完小孩的时候，男人就有可能出轨，或者以其他的方式来报复你，甚至可能会抛弃你，如我们之前提到的那种情况。

也有这样的情况，一个男人对女人投入得越多，在女人生养小孩的时候，他越会心甘情愿地为你付出。但相反，如果一开始的时候，是女人去追求男人，而且女人投入得多的话，那么在两个人结婚之后，男人，便不会珍惜你，女人就要继续承担着更多。只有女人为男人付出得更多了，才能继续维持这种关系。这样的关系一旦失衡，男人在你这里得不到好处，他就会离开你。

因此让男人主动去追求你，加大对你的投资成本，实质上，是可以使两个人的关系更加牢固的。虽然可能对男生有点不利，但是对女人却是有利的，而且对于两人之间的长期关系，甚至是婚姻，都是非常有利的。但这一定是有前提的，一定要在男人能承受的范围之内，否则，你不仅得不到想要的结果，甚至会更糟。

而在你们的交往过程中，以及你在要求男人对你进行投资的时候，一定要给予男人尊重，这样他会心甘情愿地为你投资。因为当女人表现出对男人的尊重时，男人会很欣喜地为你投资。但是我碰到的很多咨询者，却觉得对男人表现出尊重是非常危险的，对此表示怀疑，甚至是充满敌意的。每次我对她们说要尊重男人时，她们都会发出质疑，对我说"那只是你们男人的想法吧"或"你们男人世界的东西我才不会相信"。那我们就让案例来说话吧。

下面我们来听听，一位已婚三十多年的妻子的心声：

当我回顾我和丈夫以前发生的事情时，我才发现自己有时候是那么无礼。丈夫是个秉性善良、富有怜惜之心的男人。他性格开朗，爱好交际，而且对人体贴入微，和我们每个人一样，他也有缺点，偶尔也会犯错……我现在才意识到，那是因为我对他的期望太高，要求太苛刻了。现在回头看，我当初的无礼对他真的是一种伤害，我完全没有表现出对他的尊重，我很后悔曾经的过往。

另外一位妻子这样写道：

我们刚结婚的时候，他真的很霸道，很固执，从来就不听我的劝告，也不关心我的感受，那时候我一点都感受不到他的爱。因此，我对他冷眼相待，有时候甚至恶语相向，我用最不尊重他的方式回应他。现在我似乎看到了他的内心，感受到了他内心深处的感觉，也意识到我过去的行为对他造成了多大的伤害。

很显然，女士们在经过我的辅导之后，也同样领悟了爱情的真谛。她们改变了自己对老公的态度，根据我的指导做出了正确的决定。她们反思了自己的所作所为，最终都收获了完美的爱情。

下面我们来听听，一位丈夫看到妻子的变化之后的心声：

想到妻子对我的好和一切出于善意的行为，我感受到了尊重，我觉得异常轻松，像是从思维的禁锢中解放出来了一样。

遗憾的是，我曾经对她的误会很深，在很多事情上我都不知道她在想什么。后来，她跟我敞开心扉，说了很多。比如，我一开始并不理解她，不知道她一直承受着产后抑郁症所引起的疲倦和不良情绪等。弄明白这件事的最终原因后，我感到十分内疚，并开始真正明白妻子为什么感受不到我对她的爱，误会我的好心与爱意了。

这位丈夫显然已经感受到了妻子的前后变化了，他的妻子也做出了正确的决定，对他表现出尊重，丈夫也愿意倾听妻子，并给予妻子从未有过的关怀和爱护。你也可以像那位妻子一样，在自己的婚姻中做出正确的决定，善待自己的另一半。

第二章

恋　　一　　生

Chapter 2

在爱情里，贪心就是玩火

女人在爱情里，贪心就是玩火。

小赵在很年轻的时候被一个男人伤害过，那是她的初恋。直到很久之后，她才知道这个男人是个骗子，欺骗了她少女时期的一切感情。被伤害过的小赵，常放在嘴边的一句话就是："我再也不相信爱情了。"

经历那次感情伤害之后。她花了整整两年的时间，才走出阴影。在这过程中，不仅仅是时间帮助了她，还有另外一位救星，也就是她的第二任男朋友。

她的第二个男朋友叫阿德，他陪着小赵度过了最难熬的日子，两个人慢慢从朋友变成了恋人。

在那段时间里，小赵向阿德倾诉了自己心中的痛苦，非常详细地把她和前男友的所有事情，都一一对阿德说了。阿德也非常用心地去安慰她，去帮她抚平内心的伤口。这一来二去，小赵发现，自己慢慢爱上了这个陪在身边的男人。

用小赵的话说，她当时非常感动，他陪在她身边那么长时间，令她感到非常开心，她现在已经开始慢慢忘记曾经的感情留下的伤害。

现在小赵和阿德过得非常幸福，但没过多久，阿德要去澳大利亚留学了，两个人就不能常常见面了。慢慢地，小赵失去了阿德的陪伴，正觉空虚寂寞时，身边出现了第三个男人。在这个男生送鲜花，送水果，请吃饭，看电影，再加上甜言蜜语的糖衣炮弹下，小赵接受了第三个男生的追求，开始了新的恋情。但这个时候的小赵，并没有向远在澳大利亚的阿德提出分手。

小赵在这样的行为背后，还有着自己的一套理由。她对我说："我没有办法呀，阿德在国外那么远，那么久，我身边的很多朋友都对我说，他在国外一定已经有了新的女孩。然后又劝我说，没有哪个女孩用那么长的时间，去等待一个不确定的爱情"。

后来，小赵再次谈到阿德的时候，就开始怨天尤人，把所有的错都归结于上天的安排，甚至阿德的身上。而且小赵现在的男朋友对她非常好，甚至已经胜过了阿德。她觉得跟身边的这个男人在一起，心里非常平静，因为现在的这个男人不知道她曾经的感情，也不知道她的过去。因为，小赵选择了隐瞒。而阿德对小赵曾经的过往了解得过多，一回想起自己对阿德说过的那些事，小赵心里就充满了担忧，担心阿德内心对她有不好的看法，也更加后悔曾经对阿德那样坦诚。

话说回来，谈到小赵对现男友选择隐瞒过去的问题，其实我认为这也只不过是我们选择告诉对方或者不告诉对方，都是个人的选择问题。小赵当初选择把一切都告诉阿德，如今却又后悔，而且还把所有的过错都归结到阿德的身上，这就有点不合情理了。

这样的种子在小赵心中慢慢地滋长，而且越长越大，导致最后她做出了错误的选择，她隐瞒了自己在国内的情况，没有告诉阿德她有新男友了，也没有分手。这样不仅欺骗了阿德，也欺骗了自己现在的男朋友。

现在的小赵就像一个小偷一样，不仅偷了别人的东西，还一脸无辜地说："我其实本不想这么做，我也很内疚，但是我没有办法啊。"

她觉得最严重的问题不是同时交往两个男友，而是没有给阿德也树立一个清纯的印象，这使她感到懊悔。

其实，我们可以明显的看出来，小赵已经不清楚自己究竟是一个怎样的人了。她看不清自己，甚至觉得自己做的事理所应当，是对的。但在我们外人看来，这样是可悲的，甚至是在很多男人眼里，这就是一个渣女的行为。

男女交往本是建立在互相信任、两情相悦的基础之上，如果做不到，那就趁早分开。用高尚的价值观来锁住自己，也只不过是对自己不负责任，同时也是对对方，以及你们之间的这段感情，都不负责任。

虽然说谈恋爱并不一定要像婚姻那样从一而终，但是你在选择别人的时候，至少要坦诚吧。像小赵这样享受着两个男人的宠爱，同时又让他们觉得自己是他们唯一的女朋友，其实是对三个人的伤害。

恋爱本身就是相互磨合，以及互相选择。如果说你下定了决心，要重新开始一段感情，或者是了断一段感情，只要你的原因并不违背任何道德上的原则，它本身并不是背叛，更不是犯罪，这是你生而为人的自由选择权。

我并不认可小赵对阿德的心态，她因为对阿德说了自己的过往，感到非常后悔，甚至怀疑阿德，这是不对的。

说句实在话，如果阿德的心里真的对小赵有任何猜忌的话，那么当时处于敏感期的小赵，一定会准确地察觉出来。所以，小赵的这些所谓的担忧，其实不过是自己想太多而已，而且这个借口着实伤人。

虽然这样说，但是我还是可以理解在交往初期，小赵心中的担忧的。但是我要对广大的女生说，如果一个男人会因为你过去爱过别人，或者受过情伤这件事情，而不爱你的话，那么你应该感到庆幸，因为他不是那个真正爱你的人。

在这个世界上，寻找真爱本就是一件非常困难的事情，在这个过程中你可以把自己的坦白当作对对方的一种选择，过滤掉那些不值得你去浪费时间的男人。而对于那些愿意接受你的过去，并且还会更加疼惜你，愿意跟你携手的人，才是真正值得你投入情感的那个人。

在爱情当中，女人要做一个高尚的聪明人。你从前是什么样子，不必在意，过去的就过去了，只要不是你的错，翻过这一篇，你依然可以重新开始。

"我没有衣服穿了"

在生活当中，两性之间的交流是一个我们非常关注的问题。我们必须承认这样的一件事情，就是在交流的时候，我们向对方发出的信息，都是我们自己想好的。特别是在与异性交流时，特别地明显。双方都是经过自己的喜好、自己的心情而精心编辑出来的信息，然后再向异性表达的。

给大家举个例子，让我们看一下两性在关于穿衣服的问题上存在怎样的歧义？

女人说："我没有衣服穿了。"

女人真正想表达的意思是，她没有新衣服穿了。

男人说："我没有衣服穿了。"

男人想表达的真正的意思是，他没有干净的衣服穿了。

看到了吧，一句同样的话，男人和女人想表达的意思完全不同。再回头想想我们的现实生活中，就在你身边，也发生过很多类似的事情。

　　这只是在平时生活中一个简单的小例子，从这个案例我们就可以看出来，我们每一个人其实都是站在自己的角度上去看待问题的，也是根据自己的喜好、自己的需要处理问题的。

　　我引用这样的一个小小的例子，是想让大家知道。其实男人和女人之间，这样类似的小事情、小误会很多。当这样的小误会积累到一定程度，在某一个瞬间，很可能成为一次严重的情感危机。就好比，男人不懂得女人说的"我没有衣服穿了"的意思。如果类似的小误会没有得到及时的解决，而是长期积累，甚至放大的话，很可能导致两性关系陷入紧张，甚至冷战的状况。

　　其实就跟很多男女相处一样，女人也有苦恼。她的苦恼主要在于，认为男人对自己所关心、期待的事情漠不关心，甚至感觉不到男方对自己的爱，因而开始责备男方。而作为男人也很委屈，男人的委屈主要在于，感觉自己没有被尊重，甚至还觉得自己受到了不公平的指责。引用所有男人经常说的这样一句话，"无论我怎么做，都不合你的意"。误会就像森林里的一个烟头，如果没有人将它及时扑灭，那么就很有可能会迅速发展成为危及两性关系的火灾。

　　其实在很多情况下，那些导致两个人争吵，甚至使两性关系变得紧张的问题，根本算不上问题。

　　你有没有过这样的经历呢？

　　和自己的另一半大吵一架之后，回头想想却不知道为什么发生争吵？

你看见你的另一半在那里或生气，或沉默，但你却一时找不到原因，到底是哪里出现了问题呢？

很多女人在找不到问题的时候就会想："要是他不那么孩子气就好了。"我们总是会习惯性地把责任推到对方的身上。

如果说我们能站在对方的角度去想一想的话，其实就会发现，这个事情原来根本不是我们想象中的那样。

其实当男人表现出喜怒无常，或者心烦意乱时，并不是因为他不爱你了。只是在很多时候，我们只顾表达自己当时的情感，而没有在意对方的感受，忽略了对方。

在此，我希望所有的女人记住这一点，你的丈夫，需要被尊重。若是能领悟到这一点，那么你们之间的所有问题也将迎刃而解。

为什么男人和女人理解的信息不一样

回头再看过上面的"我没有衣服穿了"之后，我相信你可以明显地感觉到，原来男人和女人的所思所想是那么不一样。那么，为什么会不一样呢？我们又该怎么办呢？请接着往下看。

首先，给大家举两个例子：

案例一：

当一个女人在男人面前表现出沮丧的情绪。

其实，这一动作是女人经过编辑之后，传达出来的信息。作为男人，或许会体会到有哪里不对劲，但却始终没有办法完全理解。而在她的女性朋友眼中，沮丧的神态与动作已经传达出足够多的信息，是那么清晰，只有男人偏偏看不透。因此，女人经常说："男人们就是死脑筋，就是一根木头。"

案例二：

当一个男人生气的时候，他往往会选择拒绝交流，而女人会觉得这个男人特别小孩子气，因此在一旁不停地指责他。这时如果男人的哥们在场，他心里也必然会为这个男人抱不平："兄弟，我理解你为什么不跟这个女人说话，你看看她说话的样子，简直不可理喻，怎么会有女人这样跟自己的男人说话，这样去指责自己的男人呢？"

女人最开始对男人的冷漠，其实就是在向男人发出一种信息。当然这条信息对于男人来说，是一条经过编辑的信息，而男人能否正确地破译这条信息，准确地读懂其中的含义？结果很明显——他做不到。因为男人和女人的理解模式是不一样的，男人没有办法理解编辑后的掺杂了过多自我情绪的信息。同样的道理，在男人生气沉默时，女人的指责在男人眼中就是贬低，只会让男人感到烦躁，感到不被尊重。此时，男人不会因为曾经做过的错事而内疚，反而会将这种负面情绪，转化成愤怒。他们会认为："毕竟我也不是故意去做错事情，你为什么还要这样不依不饶？"而女人在意的，不是男人是否故意犯错，而是男人有没有把自己放在心里。理解有了分歧，争吵也由此开始。

其实，女人的要求很简单，只是希望男人能诚恳地认错，请求原谅，而不是极力地自我辩护。所以，男人在道歉的时候，即便是不情愿，最好也不要表现出来。我知道这听上去可能有点儿强人所难，但转回来想一想，两个相爱的人又何必在一件微不足道的小事上争个高下呢？既然深爱对方，那么为了对方后退一步，又有何不可呢？

对于女人来说，男人既然已经道歉了，如果你能看出来他放下了自己的尊严，那么，也请别再继续以言语羞辱他了。

原本两个人都是一番好意，满怀期待，共同去做一件事情。可最终若是因为一点小小的差池而陷入了情感危机之中，很不值得。

之所以说二人之间都是好意，是因为在他们的内心深处都是深爱着对方的，没有一丝想要伤害对方的意思，只是在发生争吵时，习惯性地将引发矛盾的责任推到了对方身上。

嫁给爱情是天底下最幸福的事吗

前不久网上疯狂流行一句话："愿所有姑娘都能嫁给爱情而不是合适。"我觉得这句话太误导人了，甚至可以说是坑爹。如果一个姑娘以爱情为婚姻的最高标准，不好意思，我敢肯定她婚后的生活不会幸福到哪里去。

为什么这么说，因为"爱情"尚有可能遇到，但"合适"绝对不可能遇到。从一定程度上来说，"合适"这个词在两性关系里高于"爱情"。这里的"合适"当然不是指将身高、体重、外貌、收入、家庭背景都框在某个范围内，那叫条件，不叫合适。合适指的是两个人的契合程度。出生在不同家庭，又成长在不同环境下的两个人，不可能一上来就天造一双，地设一对，相爱可以靠缘分，但合适一定需要磨合。磨合约等于付出代价，意思就是需要你修改部分原则做出退让。

大部分希望嫁给爱情的姑娘是这样想的："遇到一个人，相知相爱，然后结婚。他最好会赚钱又疼人，或者没有很多钱也没关系，只要他有上进心，我们可以一起努力。他最好专一又富有幽默感，或者木讷一点也没关系，只要对我好就行。我们也许会吵架，但他一定会来哄我。他记得我的生日和每一个纪念日，送的礼物也许不是很贵，但很贴心。只要两个人相爱，一切困难都会迎刃而解。"

相信我，如果按照这种期许进入婚姻，那么收获的除了失望不会有别的。别相信真命天子这回事，韩剧里的男主角们看看就算了，千万别以他们为标准在生活中寻找对象，否则一定会孤独终老。

婚姻生来就是爱情的天敌，它是用来消磨并且转化爱情的。如果一段婚姻以爱情开始而没有在中间进行必要的转化，那么一定还会因为爱情走向结束。

大多数以谈恋爱的标准去要求婚姻的人，无论男女都难免会出现一个相同的问题（恋爱中也有可能出现），那就是他们将内心的理想化伴侣投射到了现实生活中的伴侣身上。如果对方不符合他们内心的期许，就会因此感到无尽的失望。

"为什么我难过的时候他没有第一时间来哄我？"

"我都嫁给他了，他应该保证给我一生的幸福。"

"我这么做都是为了他好，为什么他不能理解？"

说到这里，我想先提出几个问题。你能保证在别人难过的时候都第一时间送去安慰吗？你能保证自己会给自己一生的幸福吗？你能确定你所谓的"为他好"是真的为他好，而不是一种以爱为名的控制吗？许多人想要的伴侣，往往是自己想象中的人，而不是身边的那一位。每一次因与理想不合产生的失望，都会加剧你们关系的恶化。在关系恶化后也从不反思，只将错误归咎于对方，却不知这其实是不能换位思考造成的。这样的人一般习惯放大爱情本身，而忽略了最重要的维持。

我每天都会收到很多私信，有结婚的，有没结婚的，还有即将结婚的。他们不约而同地向我倾诉同一个问题——"对方没有做到我想要的样子，或者对方婚后变得如何了，我该怎么办，应不应该分手/离婚。"

在这里，我做一个统一的回答。爱情的发生是一种生理反应，多巴胺会让你忽略对方的一切缺点。但婚姻不是，它是一项一生的工程，需要甲乙双方共同经营。合适的含义就是降低自己的要求，这个要求指的是你理想中的伴侣标准，你必须真真切切、实实在在地看到自己身边的人，并且接受他是一个独立存在，拥有缺点的人，才有可能获得最终的幸福。

两性关系中除了几个必要原则之外，几乎没有什么标准是不能降低的。当然每个人的价值观都不同，对伴侣的要求也不尽相同，但也总会存在一些共性。

什么样的缺点是无可救药的？不是没责任心，不是没上进心，甚至不是"劈腿"，最可怕的缺点是"不肯改变"。通常这类人的说辞是："我就是这样。如果你想和我继续在一起，就必须接受我这个样子。"他们拒绝所有的提醒、建议、劝告甚至恳求，始终我行我素。其次，就是不愿意沟通以及分享内心感受的人，完全将你拒之门外，你根本不知道他在想什么，也不知道他的开心难过是源于什么。最后，就是品格有问题，这个需要自己分辨。除了这三种问题基本没什么挽回余地，其余的说到底都还有拯救的空间，最重要的是看你的心态以及处理的方式。

合适的基础在于两个人都有独立照顾自己的能力，并且愿意为对方做出改变。

如果你问我，那么婚姻是不是可以不需要爱情，找个条件相当的嫁了也就算了？我的回答是不可能，爱情的确是合适的基础，婚姻这条道路的困苦程度超出你的想象，如果没有强大的爱支撑根本难以走到最后，但也绝不是只有爱就可以。

综上所述，希望姑娘们不要用单纯的爱情标准去要求婚姻，它绝不是获得幸福的全部条件。爱情与合适，一个生发于感性，一个维系于理性。爱情能使两个人在一起，但唯有合适才能使两个人愉快地在一起。

如何成为一个懂得爱的女人？其实女人在这方面并不需要太多的培训，因为这是女性天生就拥有的能力。但是在尊重男人这件事上，女人们确实需要帮助。

对于女人来说，无条件的尊重是一个非常新的概念。即便她们认同男人们需要被尊重，需要得到尊严这件事，但是在实际生活中却很难将它付诸实际行动。

下面这段话来自一位女人，它反映出了女人在尝试尊重男人时的内心感受：

在我的婚姻中，尊重对方是件十分新鲜的事情，我不得不在这方面多下点儿功夫。我过去一直认为我需要付出更多的爱，而不是尊重。对我来说，这是多么大的一个启示啊，因为付出再多的爱也无济于事，尊重才是对方真正需要的。再次感谢你！在今后婚姻生活中，我们会运用所学到的东西，对于未来婚姻的发展我很是期待，我对我们的关系也充满了全新的热情。

其实女人想的是，男人应该赢得尊重，而不是被无条件给予尊重。而给予男人尊重，是可以轻松帮助女人获得男人无条件的爱的，但女人们却很难理解这一点。

下面是两个妻子的报告，她们在学习给予丈夫尊重中，收获了很多：

几周前的一天，他对我说了句重复过千百遍的话："你从来没有倾听过我说话。"以此作为长达一个月的冷战的解释。

那天晚上，我又一次听他说话，终于明白了他的意思，他只是希望我对他更亲近些。因此，我马上改变了自己的方法，并开始在意我做出的选择和结果，事情果然有了很大的改观——他越来越爱我了。

我非常感谢"尊重"这个概念，给予他尊重也使我十分清晰地感受到了他对我的爱。

我的丈夫是一名军人，他对尊重、尊严看得非常重。但是我从来没有想到，原来这就是他的需求。多亏我对尊重有了新的认知，我现在知道应该怎么正确地与丈夫相处了，我也正在用这种方式跟处在叛逆期的儿子沟通。现在的我被家里的两个男人爱着，我太幸福了！

第三章

恋　　　一　　　生

Chapter 3

男人的长期关系和短期关系

　　男人是拥有两种完全不一样的情感关系的物种。一种是时间非常短的，热情似火，但没有任何承诺以及后代的情感关系，这也被我们称之为短期关系。

　　另外一种就是长久的，细水长流，并且有婚姻承诺以及对后代的抚养的情感关系。说白了就是"负责任"，而在我们的定义当中，这是男性的长期关系。

　　在一个男人身上，他可能在同一时刻拥有这两种情感关系，一方面在家庭里承担着一个好老公好爸爸的角色，另一方面又会在外面四处寻欢作乐。他或许会对家庭负责，但并不会对外面的女人负责，这也是我们现实生活中并不少见的出轨行为的源头。

　　男人在短期关系和长期关系中，对于对方的要求是不一样的。男人的内心其实清楚什么样的女人适合发展长期关系，而什么样的女人只能发展短期关系。所以我经常会听到一些客户的哭诉："为什么他口口声声说着爱我，说着永远不会离开我，说着他一定会离婚，可是到最后还是离开了我呢？"其实，这就是因为男人只想与她发展短期关系。

为什么男人的身上会有两种不同的情感关系呢？

因为在原始社会中，如果男性只采取一种长期关系的话，那么，对方怀上别人孩子的可能性极大，而单纯选择短期关系的话，对方也难以独自抚育后代。因此，一个男人的身上会同时存在两种完全不同的情感关系。这也是如今男人们所谓的"家里红旗不倒外，外面彩旗飘飘"。

回到我们一开始的话题，男人在长期关系和短期关系中，对女性的要求都有哪些呢？

男人在寻找短期关系的时候，女人的身材比样貌发挥着更加重要的作用。

在男人的思想层面上，女性的身材和样貌都是其自身繁衍价值的重要指标。样貌好，代表着她的优良基因，可以帮助男性改善后代基因，而女性的身材则代表着生育能力。

所以说男人如果说要找短期关系的话，对于这样的女人可以不用许任何承诺，只为满足生理上的需求。但如果男人要找长期关系，则会更加注重后代的质量。

在现实生活中，当一个男人突然向你发起追求的时候，作为女人首先要判断，他是想跟你发展长期关系，还是短期关系。短期关系的开始，往往充满激情，发展快速，但这样的男人不会给你任何的承诺，也不会对你们的后代负责。所以，为避免发展短期关系，一定记得表现出足够的被动，矜持是可以触发长期关系的重要按钮。

此外，男人在追求异性时，会不自觉地试探对方能否接受冷落，以及无征兆的疏远。这时只要女人表现出甘愿忍气吞声的想法，男人就会得寸进尺。

女人如果想发展长期关系，那么大可以在男方提出想增进关系的要求时，后退一步，对他说自己没有安全感，或者说对方条件很好，不会真心喜欢你这样的女孩。如此这般，以退为进，看似被动，实则是主动引导男人走向长期关系。值得注意的是，在你第一次拒绝他的短期关系邀请后，他如果依然不顾你的感受，继续试探，那么这样的人一定靠不住，也不值得你与他发展长期关系。

在选择长期关系时，男人更倾向于寻找一个懂得拒绝的女人。这道理很简单，懂得拒绝的女人，在婚后出轨的可能性小。所以，如果说你能做到拒绝男人的无理要求，那么那些只想与你发展短期关系的男人也会自动离开，留下的则是真正想与你一起走下去的人。一定要记住，拒绝是女人最有效的武器，甚至可以帮你彻底改变一个男人。

在这里告诉大家这样的一个现象，因为男人在进行短期关系选择的时候是不需要担负任何责任的，所以男人也不一定就会去找那些身材好的女人发展短期关系，或者说男人的短期关系选择适用于所有女人。

在现实生活中，绝大多数想要跟女人发生短期关系的男人，往往也是样貌、身材、收入等，各方面条件都不错，甚至远远超过短期关系中所选择的对象。这在我们的专业术语中，也称作价值碾压。因为这样男人可以跨过烦琐的追求期，直接达到他的目标。

所以，从这个方面讲，如果一个条件明显比你好太多的男人，对你说表达喜欢之情，而你又爱他爱得不行，自认为找到了一棵大树时，情况就比较危险了。通常在这样的情况下，这个男人只是想跟你发展短期关系而已。

而男人在进行短期关系的时候，常用伎俩就是跟女人玩暧昧。他们往往会在时机成熟时，抛出一句："我们可以试试，你愿意吗？"一旦你同意了，就意味着默认与男人发展短期关系。

总而言之，如果男人对你进行暧昧攻略时，无外乎有两种选择。如果你内心无比强大，有十足把握，那么你可以选择与他暧昧下去，同时也不要放弃其他机会。另一方面，如果你觉得这个男人不靠谱，那么就该当断则断，坚定拒绝他的短期关系邀请。

而斩断暧昧这样的做法，其实也就是一个可以快速识别，男人到底是想跟你发展长期关系还是短期关系的最佳方法。

如果把爱和尊重进行调换

经常有人问我这样的问题："你一直在说，男人是需要尊重的，而女人是需要爱的。但如果把这句话反过来说，女人需要尊重，男人也需要爱，同样正确吗？难道说女人就不需要被尊重，男人就不需要爱了吗？"

经常有客户用这样的话对我进行反驳，对此我的回答是，女人当然也需要被尊重，男人当然也需要被爱。但我也说过一件事最主要的和最基本的功能是不同的，有时候这两者很容易被混淆，但不可否认的是，这其中依然存在着巨大的差别。

女人应该怎样理解和运用"尊重"这个词呢？其实尊重是男人心底最深层次的渴望。一同看下我对一千名男士进行的调查：

A：独自一个人在这个世界上，没有人爱他。

B：同别人生活在世界中，但每一个人都不尊重他。

如果一定要让男人在这两个选项中进行选择的舌，男人们更倾向于选择前者。

我曾经听到过无数男士这样说："我宁愿娶一位尊重我，但是不爱我的女人，也不愿意娶一个爱我，但是不尊重我的女人。"

当然，这并不是说男人不需要爱或者说对爱冷漠，只是在爱和尊重之间进行单项选择时，他们更需要哪一个？他们的需求是什么？

但非常不幸的是，我总是能听到有人这样说："不要对男人表现出尊重，他们不配得到尊重，你对他们有礼貌，等得到你之后，他们就会原形毕露，会开始不重视你。"确实在现实生活中，有些男人是这样的，但我也相信绝大多数男人并不是这样的，因为绝大多数的男人都是有最基本的善良的，就如同大部分男人都愿意为妻子舍弃自己的生命一般。

我曾经的一位客户曾说过这样的话：

"当我听到你讲到，尽管为一个人去死并不能代表完全的爱，但如果一个愿意为爱情、为妻子献出生命的男人，却总是听到妻子的抱怨，那将是一件多么悲哀的事。再也没有比这个事实更让我深受启发和震撼的了，我突然感觉到一阵羞耻，犹如一个人突然意识到自己做了一件很愚蠢的事情，却无法寻求宽恕一般。"

这是一个女人的领悟。

男人非常希望在履行自己角色的时候，能得到女人的敬仰，这种渴望在男人的心中是根深蒂固的，同时女人的尊重也是男人最大的鼓励和动力。相反，女人如果渴望被男人珍惜，被男人爱护，被

恋一生：让你幸福相爱的秘诀

男人视为这个世界上最重要的一切，那么就要学会给予男人无条件的尊重。

如果男人真的非常爱这个女人，把这个女人放在非常重要的位置，而女人也非常尊重这个男人，把男人看作人群中的领袖，那么这样的婚姻就会非常幸福。而与之相反的是，如果男人期望女人用敬仰的眼光来看待自己，可女人却每每使他失望时，就会心灰意冷，备受打击。

当女人开始习惯用无条件的尊重来对待男人的时候，男人会很欣喜而敏感地看到她的这一变化。更重要的是，男人也同样会被激励，从而无条件地爱自己的妻子，从而达到双赢的状态。

我也碰到过非常多的女人，甚至是绝大多数，她们觉得无条件的尊重是一种非常危险的讯号。在此我要对女人们说，必须要明白这样一点，你们的丈夫并不像你们想象中那么强大，那么强壮，那么不容易受到伤害。

表面上看，女人总是娇小而柔弱的，男人高大强壮，不易受伤。但实际上，男人对女人不经意之间的言语攻击，往往是猝不及防的，如当头棒喝一般，在还没有缓过神来的时候或许还会木讷地对自己的女人说："我没有想到，原来你是这样恨我。"

有些女人听到这样的话还不甘示弱，加重自己的语气，继续说："对，我确实对你说了，我恨你。但是你作为一个男人应该明白，我不是那个意思。你是男人，怎么就不能懂得我的用意呢？我之所以这样做，是因为我相信你能够理解。"

但实际上，当女人在发泄自己内心情绪时，很多男人是不能理解的，更加不会懂得女人的真正意图究竟是什么。虽然从外表上看男人们很强大，但是他们在情感上是非常非常脆弱的，对于言语中的轻蔑，男人们会表现得相当敏感。

冲突让男人感觉不到尊重

我对粉丝进行了一次问卷调查，提出的问题是这样的：

如果与关系很好的妻子或朋友，在日常生活中发生争吵或者冲突，那么你最先感受到的感觉是什么？

A.我的女人或者我的朋友，此时此刻不尊重我。

B.我的女人或者我的朋友，此时此刻不爱我。

结果不出意料，大部分男人选择了A。

男性在面对冲突的时候是需要更多尊重的，当然在这里，我还是要重新提醒一下，并不是说男人一点儿都不需要爱。就像我曾经说过的那样，男人当然会知道他的妻子是深深地爱着他的，但是他没有办法确定他的妻子是否尊重他。在男人的眼中，爱和尊重是两回事，因此绝大多数男人在这个问题里会选择A。

所以说在婚姻当中，不管什么原因，一旦双方发生冲突，我们可以非常明确的一点就是在争吵的那一瞬间，男人绝对会把尊重看得比爱更重。

而许多女人都不能理解，因为女人把爱看得非常重。在女人的世界里，爱是非常重要的。而正是因为视角的不同，在男女之间发生冲突的时候，男人通常希望转移话题，以此让自己从冲突中脱身。不管女人怎么说，男人都不想继续讨论下去，更加不想提那件事情，只想绕开冲突，为什么呢？因为男人感受到了压力，他们不喜欢自己的妻子用异样角度和消极的态度来对待自己，这会让男人感觉到害怕和烦恼，所以他们选择了逃跑。

根据大量的研究和调查，在夫妻之间发生争吵的时候，85%的男人都想要息事宁人。因为对男人来说，争吵只会给心理上带来无穷的压力，并且对于生理也会造成伤害，比如血压和心率的升高，所以男人就非常容易冲动，甚至发火。

但女人则经常把这样的"交流"方式，看作是可以拉近两个人之间爱意的表现，男人对此则无法理解。因为争吵在男人看来就是冲突，甚至是战争，在这样的情况之下，男人们就很容易失去尊严，以致难以控制自己的情绪。

为了可以让自己快速的冷静下来，男人通常会选择沉默，甚至远离现场，一走了之。而女人则把男人的这种行为看作是一种阻碍拉近两个人爱的关系的行为，将这种行为看作是男人不爱她的表现，尽管这不是男人真正的意图，尽管男人只是在努力让自己的心情平复下来。

我们反过来想一下，如果女人只是说了一两句温柔的批评，那么请问男人还会逃避吗？会选择摔门而出吗？

　　他们真的可以承受那些像机关枪似的不断产生攻击的话语吗？而一旦承受不了，又会发生什么样的行为呢？轻则摔门而出，重则肢体冲突。

　　如果一个女人经常与丈夫发生争吵，轻视对方的感受，毫不顾虑地指责对方。无论在她的心里有多么爱她的丈夫，她的婚姻都会陷于危险境地。长此以往这般情况不得到改善，甚至会走向婚姻破裂。

发生两性冲突时，女人应该做些什么

在多年的婚姻家庭咨询工作中，我非常确认这样的一个观点：

在两性冲突当中，男人是一个非常出色的冲突组织者，女人则经常是发起批评，寻找错误，把所有问题都找出来，然后解决问题的那个人。

有的时候，女人也会阻止冲突的发生。但是根据我的经验，当女人主动阻止冲突的时候，大多数情况下要么错误的根源在于她们，要么就是她们已经对这个男人失望透顶。

当男人犯错的时候，女人却总是喋喋不休，甚至异常激动、愤怒。所以，如果一个女人可以主动阻止冲突的发生，而不是执着于寻找问题的本源并归咎于男方，指责男方的话，那么男方的尊严也会受到保护，婚姻自然也不会有裂痕。

在很多时候，当一个女人感受不到男人对自己的爱时，通常希望掌握所有事情的来龙去脉。下面给大家举个例子：

一对夫妻，男人以前都是正常工作上下班，但是最近，丈夫总是连续几天不能及时回家吃饭，有的时候会打电话告诉妻子晚一些回家吃，有的时候直接对妻子说跟同事在外面吃。

女人在这个时候大多会情不自禁地去猜想："他这个时候在跟谁吃饭？吃的什么？"这样一系列的想法是出于本能的。在这个时候当男人踏进家门，女人的第一反应并不是对他说"工作一天辛苦了，欢迎回来"这样的话，而是"你跟谁吃饭去了？和哪个女人出去鬼混了"等，类似这样的话。

试想一下，如果这个男人真的是因为工作或者业务方面的要求，而迟到不能及时回家的话，在进到家门的瞬间听到却是近乎指责的话，他的心定然凉了一半。男人会想："我在外面那么努力的工作希望能营造一个好的家庭，但是当我回到家的时候，却被我的女人所猜疑。"在这种情况下，男人感受不到一丝尊重以及信任。

虽然我可以理解女人在这一个瞬间，只不过是把自己心里的话说出来，希望得到男人的解释而已，但是女人没有考虑到男人的感受，她采用了一种比较自我的方式在与丈夫进行对话。

女人们总是认为女人之间的沟通方式也同样适用于男人。所以当夫妻之间、情侣之间发生矛盾的时候，女人们本能地靠近自己的男人，跟他分享自己的想法。其实女人所希望的就是双方可以相互道歉，然后紧紧地抱在一起，就此和好，这是女人的维护和经营感情的方式。但是在男人看来，这就不一样了。

因为往往女人在丈夫面前吐露心声的时候，语气会不自觉的加重，这样一来所说的话在男人耳中就完全变了味道。她希望男人会改变，女人自以为把所有的事情都对男人讲是表达自己对男人的爱。但是在男人的眼中，女人的表现是带有审判意味的，比好朋友之间的谈话更加强烈、更加伤人，而这个时候，很多妻子本能地以为这样自己这样做，可以拉近自己与丈夫的距离。天真地认为把心里所有的话都说出来，丈夫就能更加懂自己。但是女人们没有想到的是，这样的行为只会把男人推得越来越远。

有些女士在与我沟通后，开始意识到消极的批评并不能解决问题。其中一位妻子这样写道：

我的"口才"与力量并未能挽救我的婚姻，我发现我曾对丈夫过于强势，要求过于苛刻，对他过于挑剔与严厉。在他的眼里，我就好像是他的母亲、他的严师、他的圣灵。我的个性决定了我做事喜欢指导、控制，并要求他人按照我的方式去做。丈夫害怕同我说话，害怕我对他指手画脚，或者总是用指挥者的语气命令他。

还有一位深有感触的妻子这样写道：

我非常赞同你的观点，你所讲的一切也让我深受感动。星期六，你开始讲授尊重的意义，并对现在婚姻中普遍缺乏的尊重进行讲解与分析。坦白地说，我听后真的很吃惊。你的讲解和我的情况很吻合。是的，我总是在想他为什么不理解我，我太注重自我感受以至于完全忽视了他的感受，我从来没有站在他的角度上想过，从没想到过他会感觉被羞辱、被压制。作为几个小孩的母亲，我一直努力教育他们要明白是非，但我从来没有意识到我在无形之中把这种对待孩子的方式转移到了丈夫身上。

当一位妻子责备丈夫时，或许仅仅是想帮助他改正错误，试图让事情走上正轨。毋庸置疑，有些时候丈夫是非常需要这种帮助的。但是如果当丈夫开始感觉妻子犹如责备小孩子一样责备自己，事情就变得复杂了。

那么我们接下来怎么办？问题不是一次性产生的，也不可能一次性解决，在解决问题之前我们先要认清自己。

第四章

恋　　　一　　　　生

Chapter 4

如何衡量双方的价值

　　什么是价值？如何衡量双方的价值？

　　这一章主要讲的是认清自己，那什么是认清自己，又为什么要认清自己呢？

　　还记得之前给大家讲过的婚姻的本质吗？

　　婚姻的本质其实就是契约，是为了共同抚养后代。既然要共同抚养后代，那么认清对方就是一个非常必要的事情，比方说对方是一个怎样的男人？他的性格如何？他的颜值如何？他的社会地位如何？他的家庭背景如何……

　　同样的，对于男人来说，他同样要认清女人的价值，比方说女人的容貌、女人的身高，也包括女人的社交地位、家庭背景，等等。男人认为你的价值高，那么他趋向于你的可能性就会更大，同样的，你觉得这个男人有足够的价值，也才会选择他。

　　举一个很简单的例子，我相信没有哪一个女人会选择长得又丑又矮，脾气不好，性格又差，甚至有暴力倾向的男人做自己的配偶，为他生下后代。虽然林子大了，什么鸟都有，在这个世界上的某个角落，确实可能存在某些个例。但是，放眼全球，这样的个例非常非常少。

所以认清对方与认清自己，都是非常非常重要的一件事情。

每个人的特点皆不相同，样貌、身材、学历、智商、家庭背景等，每个人都拥有着不同属性，因为经历过的事情也不同，也会具有不同的性格及处理问题的方式。我们将这些特性综合起来，就称之为价值。

中国有个成语叫"门当户对"，其实这至今都是通用的，现代也可以称之为"价值匹配"。价值匹配度越高的男女，在一起的可能性就越高。当然除了这些价值之外，还有一个条件也同样重要，那就是受欢迎程度。

接下来给大家讲一讲对方的选择权。很简单，就是对方可以选择认识你，同样也可以选择不认识你，对方可以选择跟你做男女朋友，也可以拒绝与你交往的权利。对方选择权的大小其实就来决定于他的受欢迎程度，他身边如果有很多比你更优秀女生，那么他选择你的可能性就会降低，反之，他选择你的可能性就会升高。同理，女性也是如此。

古往今来，知己知彼，方能百战不殆。我们只有在清晰地了解了对方所有的优势，以及我们自身所有的劣势，进行权衡之后，才能知道这场仗该怎么打，该通过什么方式打赢。

在女人眼中，男人都有哪些特性是有价值的呢？

答：年龄、身高、财富、长相、智商、情商、性能力、长期承诺。

那么在男人眼中，女人的哪些特质能称之为有价值呢？有以下八点。

答：年龄、长相、身高、体重、身材、学历、性格、家庭环境。

无论是男人还是女人在自己所属的标准中都有自己的长处，也同样有自己的短处。我们该学会正确地衡量自己与对方的价值。

当一个女人确定自己的择偶标准时，常常陷入迷茫，不知道该如何去选择，如何去放弃。比如她选择了智商、财富、性能力和长期承诺，在她的预期中这四项是最突出的，其余的事项是平均水平，但是在这里我要换一个说法，来告诉女人们应该如何去选择？与其说在这八项当中选择四项，倒不如说是从这八个选项标准里面删除四项。意思就是说，当你选择了身高、财富、性能力和长期承诺的时候，就等同于你放弃了对方的年龄、长相、智商、情商。

我听过很多女人对我说这样的话，不知道自己喜欢什么样的男人，其实关于这个问题没有任何人可以告诉你，给予你正确的意见。如何从八项当中进行取舍，全在于自己的一念之间。

有魅力的男人不会与特别平庸的女人结婚

　　上面的文章中我们谈到，每一个人都有自身的价值。幸福的婚姻大多遵循价值匹配、价值平衡标准，也就是我们所说的门当户对。当然，婚姻匹配的模式也有非常多的种类，可以根据不同情况区别对待。

　　很多时候，一个人自身的价值是固定不变的，比如样貌、身高、情商、智商等，也都是很难进行改变的。但其中受欢迎程度却是根据社会审美意识以及个人的主观因素等，在不断改变的。

　　也许你还不知道价值匹配的由来是怎样的？其实西方人一直没有办法理解中国人所说的"门当户对"，究竟是什么意思。为了弄明白门当户对的原理，西方人曾做过这样一个实验：

　　有个心理学家找来100位大学生，男女各半，然后制作了100张卡片，卡片上写了从1到100总共一百个数字，单数的50张卡片给男生，双数的50张卡片给女生。但他们并不知道自己的卡片上写的是什么数字。工作人员将卡片拆封，贴在学生的背后。

实验规则：

这个实验设置很简单，就是要男女都能找到适合自己的异性，并争取将双方背后的数字总和凑到最大。设定奖金金额为编号总和翻10倍，比如：83号男生找到了74号女生配对，那么两人可以获得83+74=1570美元的奖金。但如果2号女生找到了3号男生配对，那么两人只能拿到50美元。

实验开始后，由于大家都不知道自己背后的数字，因此首先就是观察别人，很快分数高的男生和女生就被大家找出来了。99号男生和100号女生身边围了一大群人，大家都想说服他们和自己配成一对。

"来跟我一起嘛！我会给你幸福的！"

"我们简直天作之合啊！"

但人类的一夫一妻制决定了，不可能同时和N个人配对，因此他们变得非常挑剔，他们虽然不知道自己的分数具体是多少，但他们知道一定比普通人要高。

为什么？看看围在自己身边的狂蜂浪蝶就知道了，从这些追求者们殷切的眼神中就能够看出来。

那些碰壁的追求者迫于无奈只能退而求其次，原本给自己的目标是一定要找90+的人配对，慢慢地发现80+也可以了，甚至70+、60+也凑合着过了。但那些数字太小的人就很悲催了，他们到处碰壁，到处被拒，被嫌弃。

据一位学生事后表示，在参加了这场游戏后，他对人生的理解都有了不同。因为他在短短几小时里就感受到了人间冷暖——他们背后的数字太小了（基本都是个位数），要找一个愿意配对的人简直是难上加难。

最后他们想出来的办法无外乎两条路，一是大家找个差不多的凑合凑合算了，比如5号和6号俩人配成一对，虽然奖金只有110美元，那也好过没有。二是和对方商量，如果你愿意和我配对，那么拿到奖金的时候可以不对半分，我愿意给你更多，比如三七分或四六分，等等，毕竟找不到人配对实在是太没面子了。

经过了漫长的配对过程，眼看时间就要到了，还有少数人没有成功配对，这些人没办法，只能草草找人完成任务，因为单身一人是拿不到奖金的。在最后的倒数阶段，大部分没有配对的都胡乱找了个人。当然也有坚持不配对，单身结束游戏的大学生。

实验结束后，心理学家发现，绝大多数人的配对对象其背后的数字都非常接近自己的数字。比如55号男生，他的对象有80%的可能性是50-60之间的女生，数字相差20以上的情况非常罕见。

有趣的是，100号女生的配对对象竟然不是99号男，也不是97或95，而是73号男生，两人相差了27！为什么会相差这么多？

原来100号女生被众多的追求者冲昏了头，她采取的策略是"捂盘惜售"。因为她并不知道100是最大值，也不知道自己就是100号，她还在等待更大数字的男人出现。等到大家都配对完毕，她终于开始慌了，于是在剩下的男乒里找了一个数字最大的，就是那位73号幸运儿。在最后关头，她也尝试过去找90+的男生，但是人家都已经有女伴了，让他们抛弃现有的女伴跟她配对并不现实，因为对方已经达成协商，犯不上为几美元的差距赔上自己的信誉。

学生们还总结出很多经验：

1、因为人太多地方太小，你不可能跑去看每个人背后的数字。（圈子，地域限制）

2、你只要看谁边上围着的人多，谁就是数字较大的人，而那些身边孤苦伶仃、门可罗雀的人，肯定是数字小的，通过这个方法你可以立刻筛选出目标对象。（多数抉择）

3、小数字的人追求大数字的人一般都很辛苦，因为要大数字的人接受小数字的人总不是那么甘心，因此追求方要付出更大的努力才行，但更大的可能是你再怎么努力，对方也不理你。（女神与屌丝）

这场心理学实验完全就是人类恋爱行为的实验简化版。

我们每个人在遇到异性的时候，就会本能地开始评价对方的价值，这完全是下意识的。但人类的价值非常难评估，没有谁会把数字贴在自己的背后。人们还会故意夸大自己的价值，至于夸大的手段、工具则各种各样。

关键的一点是，现实中的人们背后的这个数字，其实是一直在变化的。比如，女人随着年纪的增大，数字有可能递减；而男人随着自身的不断努力，数字有可能增加。这也就有了男女黄金年龄分割线之说。

我们在生活中所遇到的人也远远超过了100个，我们面临的是一个更加复杂的环境，这让我们做出决定的难度成倍增加。正因为选择的难度很大，因此人类进化出了一些很简单的指标，比如，我们更倾向于基于别人的判断来决定自己的判断。

实验让我们知道，其实爱情是一场精确的匹配游戏，最重要的是你自身的价值有多高，而你采取什么办法去恋爱反而是次要的。

但和实验不同的是，人类社会实在太复杂了，一个人的价值并不是那么容易就能体现出来的，而且我们也很难去判别一个人的价值。

不过，也正是因为我们每个人眼中的价值标准都不一样，所以才可以看到这么多元的爱情匹配模式。

当然永远别忘了，这个社会的风潮是由大多数人决定的，所以当你看到社会的价值倾向时，你看到的就是大多数人的标准，至于你是否选择跟从，是否选择继续相信爱情，那就是另外一门深奥的内容了。

通过这个实验，我们可以清晰地看到，其实所谓的爱情不过是一场价值匹配的游戏而已，只有那些价值相似的男女才能走到一起，抚育后代，最重要还是在于你个人所拥有的自身价值。门当户对很重要，价值观不能差太大。

虽然有时候寻找结婚对象，谈恋爱，看起来比这个实验更加复杂，更加烦琐，因为有可能还要牵扯到人际关系。但实际上，通过这个实验，我们已经足够看清楚婚恋的实质了。两人有着相似的出身、相似的背景、相似的教育，在一起的可能性就会更大，而所谓的"门当户对"这四个字就是如此残忍，虽然它不是明码标价展示在外面给人看的，但却是实实在在的，在面纱之下的暗中博弈。

也许你不能马上接受这一事实，那么我给你举两个例子。比如：一个非常漂亮的女人，亲密地挽着一个极其丑陋的老头逛街时，或许你会猜想，这个男人一定是个有钱人。

而当一个非常穷的女孩儿找到了男朋友的时候，她身边的朋友就会说，一定是因为这个女孩长得很漂亮，所以才有人接受了她贫穷的家庭。

无论是丑老头娶了美娇娘，还是灰姑娘嫁给了王子，都不过是价值平衡，没有任何一方存在吃亏的现象。在有些人看来可能与交易无异，但这其实就是婚姻背后的平衡。

很多人会说找到一个条件好的男朋友、老公是需要运气的事，全靠上天安排。但世界上没有多少人是真正的傻子，没有任何一个人会不了解自己的优点以及受欢迎程度。

一个长相漂亮、办事机敏的女孩子，会知道遇到怎样的男人该说怎样的话，会根据自身的价值合理安排寻找一个高于自己，或者和自己价值平衡的对象，而不会寻找一个价值比自己低的男人做老公。

在现实生活中，有这样的一个事实，经常被大家忽略，那就是如果一个男人，他自身所拥有的价值远远高出某个女性追求者。那么这个男人就很可能会因为这个女人看起来条件没有那么优秀，而偶尔劈腿。因为在这个男人的观念里，即便自己偶尔劈腿，这个女人也不能对自己指手画脚，因为自己的价值远远高于对方。如果双方价值悬殊太大的话，那么这个男人或许一开始就只想与对方发展短暂关系。

为什么会这样呢？因为男人通常十分清楚自己的优秀程度。就算这个男人再木讷，但也会在身边异性的示好中，慢慢意识到自己是一个高价值的男人，是一个有魅力的男人。可有魅力的男人往往是不会特意去找那些特别优秀的女人来结婚的。

假如，他选择与那些跟自己同价值的，甚至比自己价值高的女人结婚，那么他就要付出对这个女人的专一作为代价，他要抛弃自己的一切短期关系，这就跟男人的本性相违背。

作为女人，如果想找一个比自己价值高很多的男人结婚，那么也要承担相对应的风险。你自己很清楚，这就是在赌，只要是赌就会有赢有输。赢了，可以享受赢的成果；输了，同样要承担输的后果。

曾经我有这样的一个客户，她对我说过自己的亲身经历：

之前她和家财千万的高富帅谈恋爱的时候，男方非常非常体贴，甚至愿意当街跪下来给她系鞋带，但是在背地里却给别的女人发短信说："我想和你在一起。"那位客户每每在跟我讲述她的故事的时候，都心如刀绞，泪流满面。

虽然她一开始就能猜到，未来会有这样的结果，但她还是选择跟那个高富帅在一起。有的时候，女人认清了自己的价值，想清楚了自己可能面临的结局，若不能保持清醒，也依然会远离幸福。

顺便老师在这里提醒一下女士们，如果你有机会看到一个高价值的男人，他说他的婚姻不幸，而他的老婆又非常平庸。那么，正在看这本书的各位女士一定要知道他是在骗你的。这意味着他找了一个不敢管他出轨的女人当老婆，所以这个男人一定不会跟他现在的老婆离婚。

　　试想一下，如果换作是你，你能像他现任的老婆一样，容忍他左拥右抱吗？所以这个男人一定不会选择你，因为选择你也就意味着要放弃短期关系。退一万步，即便你能容忍，那么你也来晚了。

第四章

怎样才能找到合适的对象

在某一个相亲节目上，曾经有过这样一位女士，她相貌平平，年龄又大，但是她是一位女博士，并且拥有一定的财富，她在舞台上宣称自己一定要找一个高大帅气的男朋友。不知是天意弄人还是其他原因，她看得上的英俊男士们，没有一个选择她；而那些专门为她而来的男人们，大多数又并不是很优秀。她拒绝了那些专程过来追求她的男人，网友们纷纷议论，她不应该拒绝那些为她而来的男人，大家都觉得他们很般配。

听了网友们的评价之后，她愤愤不平地在网上写下这样一句话："为什么男人可以凭借着自己的财富拥有一个貌美的妻子，而女人就不可以用财富与学历来寻找一个帅哥当老公？"

在她成功减肥十斤后，突然有一天，一个男人出现在了她的生命中，她非常欣喜，那个男人是她的学弟。据她说，这个男生完全符合她理想中的择偶条件，然后这个女生在微博里面兴奋地写道：

"一定要像我这样，不要在意世俗的眼光，不要去管他们，坚持自己想要的，终将会得到爱情。"

不久，这位初次谈恋爱的姑娘就闪婚了，网友们也为她送去了祝福。

时间过去半年后，我无意间看到了她的微博，发现她的文字中流露出一些对于生活的不满，对于丈夫的不满。我当时想，这个女生可能保不住她的婚姻了。

果不其然，过了一段时间，她在微博上面诉说自己的情感不顺，遇人不淑，痛诉她老公不爱她，把她当猴耍，一直在欺骗她。老公是一个影帝级的渣男，十足的骗子，甚至还对她家暴。

而当初那些为她叫好的网友，又到她的微博下评论，有的替她大骂上天不公，有的劝她能忍则忍，也有的直接说干脆离婚。

很快他们真的离婚了。

说句实在的，这个女人遇到渣男，在我看来是必然的，她不离婚的话，反而不符合婚姻的规律了。

话说到这里，我们应该如何找到那个合适的男人呢？

第一步，就是认清自己的价值，然后再找到一个跟自己价值匹配的男人，如果说你高估了自己，那么你很可能就会重蹈前面那个故事里的女博士的覆辙。我想这是大多数女人都不希望看到的。

那么第二步就是付出行动，去寻找那个人。

在这个世界上有这样两种女孩，不需要主动地去寻找到另一半。

第一种是往往生得天生丽质，非常好看。爸妈给了她一张七分以上的脸，她的身边拥有相当多的追求者，走在路上，或许也经常被搭讪。

第二种女孩通常是家庭背景好，生在一个富贵人家。这样的女孩，即便长相和身材都不十分好，身边也从不缺少追求者。

当然也存在一些特殊的情况，一个女孩即使不属于上述两种情况，但若是身处理工男聚集的地方，比如IT行业，那么基本也是不愁嫁的。

抛开前面那些有优势的女生，以及这些特殊的女生之外，剩下的大多数人，其实在找对象方面都面临着各种各样的问题，都是需要付出实际行动才能找到自己的另一半的。

找男朋友这件事情，就如同找工作一样，需要花费时间，花费心力。但不同的是，工作只需要你每天努力八小时，如果不满意，还可以随时换掉，而找对象就不一样了，这个人是要陪伴你一生的，不可儿戏。

在哪里容易找到心仪的异性

当然在现代这个信息化的社会中，你想要寻找到心仪的男人，并不是一件困难的事，方法也有很多。我们先来说说第一种，那就是在自己熟悉的圈子里，找到自己心仪的对象。

很多女生都觉得自己朋友圈的异性都挺一般的，自己也都不喜欢。但在现实生活当中，其实很多人都是嫁给了自己身边熟悉的人。

确实人在年轻的时候崇尚激情，四处闯荡，但往往是在成熟了以后，才明白平稳的感情是女人最需要的。而自己身边的朋友圈子，大家都知根知底，交往起来也更加稳定简单。

所以，交际圈是一个非常重要的东西，你拥有怎样的交际圈，就决定了你将会嫁给什么样的人。那么有人会说："为什么有的女孩不怎么样，但是她嫁的人却那么好呢？"

最大的可能性就是这个女孩儿拥有的人脉很广，而这一点本身就是这个女人所拥有的价值。同样是一个六分的女孩，但如果一个在农村，一个在城市，那么她们寻找的伴侣也将截然不同。

具体该怎么做呢？

首先，要对外传递出自己目前是单身状态，并且想要谈恋爱这样的信息。

其实有些女孩子在初始的第一步时，会感到害羞，石一老师要在这里说，完全没有必要害羞！因为只有当你流露出了这样的态度，才会拥有吸引异性的气场。

给大家举一个最简单常见的操作实例：深夜，在朋友圈里面发这样的一条消息："一个人的夜晚原来也挺好玩的。"在这条信息当中，明确表达出了，自己是一个人的状态。相信在这条朋友圈发布后，一定会有一些异性主动来聊天。

你看，这样话题打开，大家也就能聊起来了。

你向外展现出了目前是单身的状态，也同时传递了不想再继续一个人的暗示。

不要害羞，不要不敢用这样的方法，为了追求自己的幸福，用一些合理的手段或方式并没有什么不可以的。

其次，如果在你的朋友圈确实没有合适的交往对象，那么在这样一个网络发达的时代，还是有很多其他方式的。

我要向大家推荐的是婚恋网站。婚恋网站就好比招聘网站，与大家在招聘网上投简历、找工作其实是一个道理。有很大一部分女生曾问过我在招聘网站上找对象靠不靠谱，那我不禁想在这里反问你一句，你去招聘网站上投简历，找到的公司有没有靠谱的呢？还不都是要看过人之后才能下决定的吗？

讲到这里一定会有人问："在这些交友软件上面找到的男人，会不会都是渣男啊？他们满脑子想到的都只有性，根本就不适合做男朋友。"

那么接下来我给大家讲一个故事，这是一个粉丝写给我的感谢信。她通过交友软件，认识了现在的男友。她在信中这样写道：

非常感谢这么长时间以来您对我的教导，我也学到了很多。在刚开始认识那个男生的时候，每当他问起我在干什么，我就对他说我在看书，或者上课。在认识他之后，我经常发一些跟生活有关的朋友圈，而那些关于夜店生活，或是和漂亮闺蜜以及其他男生的合影，我一概不发。很素净。我的朋友圈里面永远散发着正能量，展示个人爱好。我在跟他聊天的时候，永远保持神秘感以及文艺范儿，我对他讲旅行，讲自己的喜好，以此展示自己的高价值。果然，这个男人对我开始有了兴趣，开始跟我交心。他跟我说他只谈过两次恋爱，他的生活也非常简单。慢慢地，这个男人觉得我就是最懂他的人，觉得我是他的真爱，然后开始拼命对我解释，说他其实并不花心，他是一个好男人，只是害怕被女人伤害而已，他也想结婚，渴望家庭生活。

我想通过这个姑娘的故事告诉你，即便是大众观念中交友软件这样不靠谱的地方，同样也有着好男人的存在，反之，身边看似靠谱的朋友，也可能隐藏着不为人知的另一面。

第四章

所以，如果你想要找一个靠谱的男人做男友，甚至未来的老公，要做到的第一点就是让自己看起来像一个优质女士。

那么，如何才能让自己成为男人眼中的好女人，以及大众眼光中有价值的人呢？

答案很简单，你要在自己的身上进行投资。也就是你哪里不好，就要改变哪里！

长相不好，可以去学化妆；身材不好，可以去减肥；身高不够，可以穿高跟鞋……这些东西难道都是没有办法做到的吗？如果想追求高价值的另一半，追求高品质的生活，都要先从自身开始改变，提高自身的优秀程度永远是最重要的。

除此之外，在择偶方面，还有一个非常重要的问题，那就是性价比。

婚恋网站是一个双向选择的平台，除了高价值外，无论男人还是女人也十分看重性价比。女人会倾向于选择性价比高的男人，同样男人也更愿选择性价比高的女人。

给大家举个例子，假如一个淘宝店主，在进货的时候，进了一批优质商品，进价是300块钱。一开始标价400元售出，经过一段时间后，发现不是很好卖。这时，为了避免产品过期，通常会采用打折的方式，进行促销。并且时间拖得越长，价格就只能降得越低。

同样，一个优质女人，在大众眼光中价值非常高，但时间一点一点过去了，一直没有找到适合的另一半。当她开始强烈渴望家庭生活，想寻找自己的另一半时，是不是也会采取这样类似于打折的方式呢？开始降低自己曾经的标准，同一些不是那么优秀的男人交往。

所以，在这里我要对那些天真地以为自己可以凭借财富、价值，而满不在乎、毫不上心的女人。我想说如果你最终只找到一些不爱你的男人，或者不够优秀的男人，都是很正常的事情。因为这样的人并不符合优质男士发展长期的标准。

认清自己，是一个非常重要的环节，要看清楚自己到底拥有什么价值。在清楚自己拥有的价值之后，才能清楚该选择什么样的男人。门当户对，并不是一个简简单单的词，它背后蕴涵着深刻且科学的逻辑，也是人类社会普遍适用的规律之一。

什么样的女人容易被男人骗

在讲到这个问题的时候，其实我想反问大家一句，抛开性别之间的关系，人在什么情况下容易被另一个人欺骗？

举一个很简单的例子，手中有两百块钱，如果你想买一个普通的包，是非常简单的事情。但是，如果你想买一个LV的包，就非常困难了。试想一下，即便真的用两百块钱买到一个LV的包，你要不要想一想它是真的还是假的呢？

好了，在思考完这个问题后，我们回想一下之前说的内容，如何找到自己心仪的人？那么大家在认清了自己之后，对自身已经有了一个评判，接下来就要认清别人，认清自己想要什么样的伴侣。

"老公你对我真好"

为什么要以这句话为标题？

在现实生活当中，这是大多数女人所渴望的，她希望男人对她好。同样的，这也是男人最希望从女人嘴里说出来的话。

在讲完什么样的女人最容易被男人欺骗之后，我想为大家讲的是，什么样的女人最容易被男人爱？

都说撒娇的女人最好命。意思就是说女人要温柔，要示弱，要学会撒娇。在这里给大家举一个例子：

小A是一个活脱脱的女强人。她说话强硬，不管是什么事情都要对男友严格把控。只要男朋友不顺自己的心意，她就会对男友提出分手。

而小B就是一个性格完全不同的女生，她非常温柔，即便她的男友要做一个最愚蠢的决定，她都会给予尊重。她常对男友说："我相信你的决定。"在男友发脾气时，也会说："亲爱的，你不要这样对我好不好，我心里好难受。"

在周围朋友的眼中，小A和小B的恋爱状态完全是不一样的。他们认为小A的男友是好男人的典范，对自己的女朋友言听计从，女友让他往东，他绝不敢往西。而小B的男友就像一个恶人一样，每天对小B大声说话、说三道四、提各种要求。而且小B还要每天顺着他，在周围人眼中，小B就是没有骨气。

但是时间久了，日子长了，小A突然发现她男朋友竟然出轨了。小A乱了分寸，措手不及，她怎么都想不到对自己言听计从的男朋友竟然会出轨，于是小A就去找自己的男朋友理论，结果男朋友直接跟她摊牌，就是要分手。最后小A痛哭流涕地对朋友说："我从来没有想到他会背着我出轨，他对我那么好，他对我那么温柔。难道他对我的这些都是假的吗？都是装出来的吗？"

而小B就不一样了，小B与男朋友的感情越来越好。男朋友每隔一段时间就会送她礼物，而且是换着花样地送，当他们快要结婚的时候，小B的男友买了钻戒，买了房子，买了车，都写上了小B的名字，简直羡煞旁人。

朋友们在聚会上，有的时候也会拿他们两个人做比较：为什么小A的男友看上去那么老实，对女朋友言听计从，最终却出轨了？而小B柔柔弱弱的，怎么就有本事把男人套得那么牢固？大家始终不能明白，最后的结论居然把这一切的原因归咎在运气上面。

看到这里，如果说你也认为是小B运气好的话，那么就要警惕了。无论如何，都不能做像小A一样的女人。

事实上，小A一直觉得男朋友不会离开她，所以才总用分手要挟自己的男朋友。在一开始的时候，男朋友觉得这只是两个人之间的情趣，而小A认为这样做有成效，能控制住自己的男人，接着一而再，再而三地用这种方式来对待男朋友。

但是想一想，这样的方式用多了，是不是还会像第一次那样，那么有效呢？刚开始的时候，男人也许会觉得这是你们之间的小情趣，也许会让着你。但是时间长了，人家忍受不了，要离开你，你又能拿人家怎么办呢？后果当然由你承担。

但当我们去问小B，为什么总是要忍让男朋友时，小B对我们说的话，令人茅塞顿开。她说："其实有些时候我也会生气，但我尊重他的选择，他就会尊重我的心情。有句老话说得好，伸手不打笑脸人，只要我在他面前示弱，我是一个女人，难道他还真的会对我下手吗？他再生气，他又能把我怎么样？有些时候，男人不过就是嘴上说说而已，他即便是真的做了错事，但我心里很清楚，他是爱我的，只不过是表达方式不够好。"

小B叹口气继续说："再说了，我让他在口头上占些便宜又能怎么样？总归他会用实际行动还回来的。只要我对他好，尊重他，他就会更爱我，更尊重我。"

对比小A和小B，我们可以总结出，有的时候女人还是要学会以柔克刚的。

试想一下，如果你像小A那样占尽了所有，试图强迫男友对你百般听话，他只会离你越来越远。相反，你对男人示弱，他就会更爱你，更怜惜你，愿意留在你身边，呵护你，守护你。那么，你究竟要哪种相处方式呢？之后该怎么做，我相信现在你的心里一定非常清楚了。

我是你的女人

现在的你应该懂得了，该如何用正确的方式去对待男人。对，就是利用女人的优势，以柔克刚。

不过，虽然你已经做好了准备，但是你未必知道实际生活中，该怎样去跟男人说话。接下来，我们一起看一个关于英国女王的小故事：

维多利亚女王经常加班，每每到了夜深人静时才会回到卧室，这引起了她丈夫的不满。这天，女王参加了一个舞会，在舞会上翩翩起舞，玩得十分愉快。但她的丈夫却愈加不满，郁郁寡欢地回到了卧室当中。

回到卧室之后，丈夫将门反锁起来。当尊贵的女王参加完酒宴，尽兴而归后，却发现打不开卧室的门。

女王敲敲门，她的丈夫问："谁？"

"我是女王。"她回答完，门里却没有任何动静。

于是，尊贵的女王只好再次敲门，里面又再一次问道："谁？"

女王回答道："是我，维多利亚。"门依然没有打开。

女王想了想，第三次敲响紧闭的大门。"你是谁？"卧室里的声音已经也开始不耐烦了。女王终于意识到问题的严重性，温柔地说"我是你的妻子。"话音刚落，门就被打开了！

我想这个故事，也许可以给很多女人带来启发。无论是在恋爱过程中，还是身处婚姻关系里，对于女人来说，比起用强硬的气场跟男人相处，不如以示弱的方式回应男人。因为温柔永远是最无往不胜的武器。

女人在力量上面拼不过男人，你为什么一定要在自己薄弱的地方去跟人较劲？

接下来，我再给大家举几个生活中的例子，大家可以对号入座一下，如果你在生活中也遇到过同样的情况，那么我希望在这之后可以引以为戒。

如果现实生活中，你的男人经常在外面鬼混，而你想要让他早点回家的话，那么与其歇斯底里地喊叫："你死哪儿去了？跟谁在一起？"不如换换一种方式，示弱地说："亲爱的，我一个人在家好害怕。"

如果你想让你的男人给你买新衣服，那么与其挖苦讽刺地讲："你看小丽的男朋友多好，多大方。"不如换一种方式，温柔地暗示："亲爱的，我不想跟我的闺蜜一起出去了，她们穿得太好看了，我怕给你丢人。"

　　女人们，如果想要得到男人更加多的宠爱，那么就要在他对你献殷勤，对你温柔体贴的时候，给予正面回馈。你要说"老公你对我太好了"，而不能说"我的朋友都很羡慕我有这样一个老公"。这在男人听来，简直就是在泼冷水。

　　如果你希望老公能一同照顾孩子，或者接小孩放学的话，那么与其说："你怎么总是不管孩子，这孩子是我一个人生的吗？"还不如对他这样说："老公，我每次带宝宝去幼儿园的时候，别的小朋友都是爸爸妈妈一起去接送的。宝宝还总问我：'为什么爸爸不来？我好想他也可以过来。'当儿子说这句话的时候，我都可以想象到，他一定很伤心。"

　　当你和男方发生冲突的时候，与其咬着后牙槽对他说："你给我滚出去，没有你老娘一样活得很好。"不如换一种方式，看着他的眼睛，对他说："亲爱的，哪怕是我真的犯错误了，你也不可以对我这么凶，我心里特别害怕，特别没有安全感。"当你说出这句话的时候，你在男人的眼中就瞬间变成了一个小可怜儿，任何一个男人也不舍得在这种情况下责备你。

　　往往在一个不幸婚姻家庭当中，女方都十分盛气凌人；而在一个幸福婚姻的家庭当中，女方普遍温柔贤惠。这并不是劝你放弃自己的尊严，委曲求全，只是为了让丈夫更体贴自己，为了营造幸福美满的家庭，表现得温柔一些，乖巧一些。会撒娇的女人，会示弱的女人，才是真正的聪明女人，所以说温柔才是女人最大的武器。

撒娇女人更好命

相信看了我前面文章的人，大概也能了解其中的道理了，那就是女人一定要学会示弱，学会温柔，学会撒娇。

其实，我也能够理解在如今这个时代为什么会有"女汉子"这个词的出现。因为有很多女孩都是独生女，性格独立自我，从小父母也教导孩子，一定要努力上进，不要娇滴滴的，不能乱花别人的钱，等等。

在当今时代环境中，女人在工作上，也要跟男人竞争，不少女人希望能比男人做得更好，不仅仅是满足于吃饱穿暖，更渴望能在事业上有所成就。

所以，当一些女人听到"撒娇"这个词的时候，就会想："为什么我一定要对男人撒娇？我并不比这个男人差，甚至更优秀。"

如果你也是一个同样拥有这样想法的女孩，那么在看完上面的内容之后，我想你多多少少都会有一些触动。

在这里我不得不举一个大家熟知的例子，为什么男人都喜欢林志玲的声音？

因为她的声音足够娇滴滴，会激发男人的保护欲，男人就是喜欢她声音中透露出的温柔。

我身边有这样的一个朋友。她在朋友之间是出了名的女汉子，人虽然漂亮，但是脾气却很暴躁。面对上司，她敢于直言，面对下属，她敢于破口大骂，但只要她老公电话一来，她就语气大转，接起电话来就娇滴滴地对老公说："亲爱的，人家好想你啊。"而她老公每天三个电话，从没有间断过。

有些女人竟试图以强硬的姿态命令自己的老公，每天给自己打三个电话，但在老公打过来之后又恶语相向，颐指气使，还嫌弃老公没有按时打过来。换位思考一下，面对这样的情况，哪个男人有耐心整天给你打电话？男人心里只会想：我给你打电话，你一开口就是骂，这样还不如不打。

而在这里，我要告诉大家的是，其实撒娇的本质就是向男人示弱。

那我们思考一下，什么样的人才会主动跟别人示弱呢？

答案是内心强大的人。反观那些受一点点刺激就极力反驳的人，你觉得他会是内心强大的人吗？

网络上很多心灵鸡汤都在宣扬着，女人的内心一定要强大，但是结果却是什么样的呢？

很多女人通过外表把自己伪装起来，虽然她们穿着打扮得很好看，很有女人味，但是只要遇到一点点让自己心中不快的事情，马上就会发脾气。男友稍有一点不配合，就立马用分手来威胁男人。时常对男人说："我一个人也可以，照样活得很好。"

而在我看来，这样的女人恰恰是内心薄弱，没有安全感的。

好了，讲完了撒娇的本质。那我们再讲一下撒娇的对象。

我们会对什么样的人撒娇呢？

我想我们绝对不会愿意对坏人示弱，而我们的示弱对象通常是我们爱的人以及爱我们的人。最明显的对象就是自己的父母，你会毫无顾忌地对着你的父母撒娇，因为你知道他们是爱你的，不会伤害你。而你的撒娇也是为了得到他们更多的爱护与关注。

试想一下，你会对你的同事撒娇吗？你会对你的上司撒娇吗？你会对你犯了错的下属撒娇吗？

当然不会，因为她们并不是百分百爱你的人。

在现实中，撒娇和卖萌才是一个女人内心强大，有底气，有安全感的表现。因为这样做的潜台词是："我知道你爱我，不会伤害我。"

而发脾气则是一种虚伪的包装，外表看似强大，但实际反映出的确实虚弱与恐惧。

如果你是一个内心强大的女人，当你清楚对面的那个人非常爱你，不会伤害你时，那么你一定敢于在他面前撒娇。

而那些看上去坏脾气的女孩，表面看时常谩骂对方，埋怨对方，但其实她们内心是充满不安和恐惧的。她无理取闹地向男人发脾气，那么她遇到的男人也会向她发脾气。

女人说："你尽管走，我一个人照样能好好活着。"男人听到这样的话，会认为："那我的存在就可有可无了，与其在这里受苦受伤，不如离开来得自由。"

长此以往，这样的女孩身边就很难再出现好男人，围绕在她身边的也多是贪图一时，只想发展短期关系的男人。

所以说，敢于向男人撒娇的女人，内心是真正强大的，而外表看似凶悍的女人，其实内心非常脆弱，不堪一击。

前段时间有个女孩向我咨询了这样一个问题，她查了男朋友的话费，发现了异常的情况。于是，直截了当地将自己的怀疑告诉了男友，而男友对此的解释是，打电话给初中女同学，并且还是长途。女孩对此极为恼火，开始了无休止地吵闹指责，后来男生直接把密码换了。

听到这里，我提出看一下这个女孩与男友的微信聊天记录。记录中，她一会儿在男友工作时间，要求男友陪自己聊天，男友好声好气地哄劝，她就在朋友圈发消息说自己孤单；一会儿又宣扬自己要独立，说闺蜜常对男友撒娇，自己才不愿这样矫情，不撒娇也照样将男友管得服帖。

最后，他们果真分手了，她来问我这究竟是怎么回事。

听过她的讲述后，我敢肯定这个女孩的情感出现问题，一定不只是她男友一人造成的。

在学习了这章的内容后，你觉得她们的感情是哪里出现了问题呢？

男人更爱愿意AA制的女人

其实我也是一个有女儿的人，也曾经想过这样的问题，等女儿长大了以后，应该如何教她与异性相处。在我看来，与异性相处的过程当中，消费问题是一定要重视的。

我会告诉她，在跟男孩交往的过程中，不能全程让男孩付钱买单，当然AA制也不妥当，可以通过更恰当的方式实现公平。比如对方请你喝水，你可以回请他吃甜品；对方请你吃饭，你可以回请他看电影，等等。以这样的方式处理消费问题更为恰当，既给予了男孩足够的尊重，也能给男孩留下一个大方端庄的好印象。

在此，我把自己对女儿说过的话分享给大家，其实也是希望看到这里的女士们能够了解，站在男人的角度，我所教授的一定是能帮助你们与男人相处，营造和谐关系的最好方式。我衷心希望大家都能收获完美的爱情，为此我愿意将这些简便有效的方法分享给大家。

"我尊重你，但我不爱你"

很多女人告诉我，在她们看来"尊重"和"爱"是同一个概念。

在这里，我想对女人们说不！二者是完全不一样的概念。举个很简单的例子，你会尊重你的老板，但是你不一定会爱上你的老板。

我在做情感咨询的时候，很多女人都非常坦率地跟我说过这样的话："我非常爱我的丈夫，但是我认为没有必要尊重他。"我听到这样的话，感到非常惊讶与气愤。我问她，如果你的丈夫，把这句话倒过来对你讲呢？"我可以尊重你，但我不会爱你。"那么，请问你会是什么感受呢？

大多数客户在听到这句话后，都会反应强烈地对我说："那对我来说肯定是天大的打击。"很显然，女人是接受不了这样的情况的。

接着我继续问："那么，你需要花多长时间才能从这场打击当中恢复过来呢？"

几乎所有女人都不假思索地回答我："永远没有办法恢复过来。"

是的，这就是女人的真实感受。当听到自己的丈夫说"我尊重你，但是不爱你"的时候，女人们会立刻愤怒起来。甚至把对方看作一个毫无爱心，没有任何感情的冷血动物。

但有意思的是，女人却自认为可以毫不顾虑地对男人说："我爱你，但是我不会尊重你。"换位思考一下，这句话对于男人来说，同样是天大的打击，男人们想从这样的打击中恢复过来也是非常困难的。

从这方面我们可以看出来，其实男女双方的底线就是，女人需要男人无条件的爱，男人需要女人无条件的尊重。

显而易见等于视而不见

往往在跟客户说，要尊重自己老公的时候，有一些人会问："石一老师为什么你要不断对我重复要尊重丈夫呢？这些道理我都懂，你能不能再跟我说一点别的有用的？"

面对这样的问题，我接着问："既然你已经很清楚尊重男人的重要性了，那么你能做得到吗？"大多客户都会不假思索地对我说："能。"

可有意思的是，在咨询结束一段时间后，回访时谈起她们对丈夫的种种表现，却让我发现，这些女人并没有按照我所说的那样，去尊重自己的老公。

她们嘴上对我说："老师，道理我都懂，都很显而易见。"可每每到了执行关头，却都将尊重抛之脑后。

这是因为，当一个女人从男人的行为或话语中，感受不到爱的时候，就容易愤怒，做出不理智的行为，讲出不经大脑的话。在满溢着愤怒情绪的状况下，女人完全记不起自己的表现是对男人的不尊重，可男人却对这一系列的不尊重行为看得一清二楚。

而当男人感受不到来自于女人的尊重时，他很快也会对女人做出毫无爱意的行为。当然，这同样是因愤怒而引发的还击心理，并不能表明他不爱这个女人。但是在妻子看来，这却是再明显不过的伤害。

我们很容易看清对方的缺点，却总是认识不到自身的不足。那么，在下一次对方表现出不满时，请将目光放回到自己身上，冷静地反思作为女人的你，是不是对男方做了什么缺少尊重的行为？

我询问过非常多的女人，她们都表示愿意去爱自己的男人，但却不愿意尊重对方。而女人们经常在感受不到被爱时，试图用更多的爱唤醒对方，这对于女性来讲是最自然的行为。多以一旦女人遇到情感上的危机，就很难对男人表现出尊重，在男性看来就是非常伤人的行为，尽管这一切不过天性使然。有些女人可能会说，男人未免把尊重看得太重了吧，太夸张了，身为一个男人，这样是不是有点太过敏感了！

我建议女人们千万不要把这当成情感问题，或是丈夫的个人问题，在相处过程中出现的矛盾，一定是由双方共同造成的，任何一方都不该置身事外。试想一下，如果说男人对你说："你未免把爱看得太重了，太夸张了吧，你是不是太敏感了！"那么，作为女人你会怎么想呢？

我想反问一下，女人到底想要自己的情感达到什么样的效果？

你要知道，同样当男人感受不到尊重的时候，就很容易忽略掉妻子言语、行为背后的真实意图。而作为妻子的你，正在气头上，自然也很难表现出能体现爱意的行为。

可归根结底，究竟是什么让丈夫失去了对你表现爱的能力呢？

是男人主动放弃的？还是在这样一次一次的争吵折磨中，被你的错误行为慢慢磨灭掉的呢？我相信大部分时候你既然选择与这个男人共同组建家庭，那么一定已经确认过对方的正直与风度。在这样的情况下，是否该反思一下自己曾经的做法呢？

我总是在强调出现问题的家庭关系中，女人对男人往往缺乏尊重，并且通过各种各样的方式催促女人无条件地尊重丈夫。在此我必须要说明的是，我并不是在责备或无理地要求女人们，只是因为我太清楚夫妻或情侣间的冲突点在哪里了。若是想解决这一矛盾，尊重是无法避开的核心关键。

很多男人也很难对妻子正确表达爱意，他们在内心身处非常想改变这样的状态，却又无计可施，不知该从何入手。此时，最好的方法就是妻子首先对他们表现出足够的尊重。如此一来，对方有所触动，也会做出相应的改变，从而使双方的关系进入良性循环阶段。

在学过我的课程之后，一位妻子写信告诉我，她结婚虽有20多年了，但并不是很幸福，直到最近她才开始理解爱与尊重的信息。她在信中这样说道：

我写了两封信给丈夫，告诉他为什么我要开始尊重他。从他的回信中，我能体会到他的感动，他的温柔，这正是我一直渴望的。我希望丈夫爱我，听懂我爱的语言，在我开始给予他尊重后，他回复的正是我渴求的爱。

第五章

恋　　　一　　　生

Chapter 5

面对表白如何正面回应，让关系更进一步

在两个人刚开始接触的时候表白是一个必不可少的步骤，要么是男方对女方表白，女方同意男方的交往请求，两个人在一起；要么是女方向男方表白，男方同意交往请求，然后在一起。总之，无外乎这两种方式。

我不建议大家采用女方追求男方的方式获得交往，因为这样会使女方在情感上处于比较低的位置，如果女方没有掌握非常好的方式和技巧，很可能在之后的交往中出现问题，从而造成自己情感上的不适。

即便是男方向女方进行表白，同样也存在着很大一部分女生不知道该如何面对，在此环节中一旦采取错误的方式，就会造成不必要的误会。

举一个很简单的例子，一个内向的男孩在向自己喜欢的女生进行表白的时候，他是没有办法像外向的男孩那样，直接说出自己的

心意的。每一个人在进行情感上的表达的时候，都是小心翼翼的，无论是男人还是女人。男生也会害怕女孩拒绝自己，更害怕被拒绝后两人连朋友都做不成。男方在对女方进行表白的时候，可能会出现各种各样的情况，而在面对各种情况的时，如果作为女方不知道该如何处理，就很可能错过那个心仪的男人。

接下来，我为大家讲解一下，在面对男人的表白时，应该采取怎样的方式，才能够让你们的关系更进一步。

我们先来看这样的一个例子：

小玉的身材样貌都非常好，而且多才多艺，身边不乏追求者，她的心里也一直喜欢着一个男孩。那个男孩从小跟她一起长大，比她大一岁，双方家长也交好了十几年。后来，因为父母的发展，两家人分开，一个天南一个海北，从此中断了联系。

小玉上大学后参加了一个比赛，正好要去到男孩的城市，就顺路去拜访了男孩一家。这么多年过去了，男孩也长大了，变得高大帅气，两个人就这样重逢了。在短暂的重逢中，他们相处得非常愉快。国庆长假期间，男孩也去女孩所在的城市玩了一次，两个人又亲近了很多。

男孩回去以后给小玉写了一封接近一万多字的信，记录了他们在一起的那些日子。文字隐晦而深情，不乏情感表露，但是他并没有写出"我爱你"这类直接的表白之辞。而小玉虽然也对男孩暗生情愫，在看过信后却只是回了一句："嗯，我收到了。"

因为在女孩的眼中，表白必须要男方说出"我喜欢你，我爱你"才算数。小玉心中也曾纠结，面对这样一封信，不知该如何回复。在这件事情过后，两个人就好像断了联系一样，男孩再也没找过小玉。

小玉来问我，这到底是怎么回事。她焦急地问道："他是不是有了别的女孩，是不是喜欢上了别人？所以才不理我，不主动来找我。他那封信到底算不算表白？是不是男孩子表白的方式都是这样？为什么男人表达爱的方式和我想的不一样？"

首先，我想说即便是再害羞内向的男生，面对自己心仪的女人时，都敢于鼓起勇气向表达喜欢。即便是最不善交流的宅男，也会在寝室里偷偷地练习，怎样对心仪的女孩说出"我爱你"。女孩们也许想象不出来，但是你要相信生物的本能就注定男人会主动追求女人。

所以，如果一个男孩在一段感情中，没有主动地追求你，要么因为你不是他心仪的女孩，要么就是他有了新的女孩。

其实我特别能理解女孩的想法。

很多女孩并不明白男人都是怎样表白的，幻想着能像偶像剧的女主角一样，被男人手捧玫瑰大声说着"我爱你"这样带有戏剧色彩的表白。但是，在现实生活中这样的情况是不现实的。

实际上，一段恋爱的开始往往是润物细无声的。在表达爱情的时候，许多人是内敛的，而没有什么恋爱经验的男生更不可能在人来人往的商业街上演跪地求爱。对于一个腼腆的男孩子来说，他如果对你动心是可以非常清楚地看出来的。而对于故事中的男孩来说，这封信可能就堵上了他的全部勇气，已经是非常不错的自我突破了。

而很多时候，女生们并不知道应该怎么面对男生的主动表白，埋怨男孩不够主动，可又在男生刚开始主动时，马上泼冷水。如同故事中的那个男孩已经写了一万多字的情书了，那么明显的表白，女孩冷淡的回复与一盆冷水无异。男孩会怎么想？人家为你写了一万多字的情书，而没有得到正确的回应。那么在男孩的理解中，就变成了原来你并不喜欢他，你在拒绝他的表现。我相信这样的结果都不是大家想要的，那么女生究竟应该怎样去做，才能有一个好结果呢？

其实非常简单，小玉完全可以这样说："没看出来，你的文采还挺好的。我刚开始以为是一封情书，没想到原来是个日记，还有点小失落呢。"

相比之前那句简单的"我收到了"，这样的回复方式是不是更好呢？

当然，这句话还藏着一个小小的套路，因为男孩表现得不够明显，女孩故意表现出失落的状态。显然"原来你写给我的不是情书啊"是在故意曲解男孩。而男孩收到了女孩这样的反馈，一定会更强烈地想表达自己心中想法，那这样不就加大了他说"我爱你"的可能性了么？不就离你想要的结果更进一步吗？

关于女孩该如何接受来自心仪男孩的表白，我相信你已经领会到了。但是在恋爱初期的时候，我们又应该如何推进恋爱关系，让恋爱稳步向前走，直至走向婚姻呢？我们在下一章中继续讨论。

交往初期如何让男人更爱你

小凡和一个男孩谈起了恋爱，有一天男孩约她出来玩，开着一辆奥迪过来接她，小凡惊喜地对男友说："我最喜欢的就是这款车了。"这个时候男友却说出这样一句话："可是我看你曾在朋友圈里说，你最讨厌的就是奥迪了。"

大家可以想一想，这一幕是多么尴尬，氛围几乎冷到了冰点。女孩该怎么说才能化解这样的尴尬呢？

小凡是这样说的："之前有个追求者开的就是奥迪，我对他非常不喜欢，所以说我在朋友圈里说我最讨厌奥迪了，就是用来拒绝他的。其实，我是真的喜欢这款车。"

男生听后，心情瞬间从不满转变成兴奋，接下来的约会也都非常顺利。女孩的灵活应变，不仅化解了尴尬的气氛，同时也展现了自己的价值。

我们可以从女孩的信息中提出这几点：

第一，暗示男孩，自己可能还有其他的追求者，并且条件和这个男孩不相上下。

第二，女孩喜欢这款车，但是并不代表喜欢所有拥有这款车的男人。

第三，这个女孩表明了对男孩的喜欢，肯定了男孩在自己心中的地位。

而男孩在收到这三条信息之后，内心自然非常高兴。

再后来有一天，小凡在和男朋友吃饭时，无意间问了男朋友这样的问题："你当时为什么和前女友分开？"男友说："没什么，回想起来可能就是她不够体贴吧！"说完之后，男生长叹了一声，而小凡将这句话默默地记在心里。

小凡偶尔会因为工作上的不愉快，在朋友圈里发几句牢骚，然后男友便会来安慰她。而这个时候小凡会回复男友说："你对我真好，从来没有人对我这么体贴过，我真的好爱你。"

女孩通过了解男孩和前女友分手的原因，抓住了这样的一个点，给予男孩所需要的，给予男孩正面的回馈。

对于男人来说，这样的夸奖会让他感觉自己倍受重视，从而更加体贴女孩。这样一来，女孩得到了更多的关怀，也同样想回馈男友更多，两个人越来越甜蜜，越来越幸福。

好了，看完上面的故事，相信大家一定有所感悟。

恋爱并不是男方一个人的事情，需要双方的合理经营，而小凡可以说是用高智商和高情商获得了自己想要的爱情。当然，这也是因为小凡知道自己想要什么样的爱情。小凡想要获得这个男人更多的爱，想跟他走下去，于是了解他的需求，给予他别的人满足不了的东西。慢慢地，男孩感受到了小凡的重视，也就更加爱她。

在爱情当中，千万不要去计较，谁付出多，谁付出少。因为只要你喜欢的那个人，是一个具有基本良知的人，那么他就不会特意去伤害你。人就是这样，你送对方一颗糖果，他必将还你一颗糖果，你对他百般体贴，他也会还你千种温柔。

所以，你想要获得什么，就请先付出。

两性之间的说话技巧

在很多人的概念当中，情侣之间讲话就应该讲实话。但是我在这里问大家一句，大家真的那么喜欢听实话吗？我们不如先看看下面这些问题：

问题1：

女人问："假如我和你妈妈掉进水里，你先救谁？"

这是堪称可以难死很多男人的一道题，但是如果这道题用实话来回答会是怎样的呢？

"肯定是你们之间谁近先救谁。"

这个答案在实际情况中并没有问题，可这样的实话你真的喜欢听吗？

问题2：

男人问："结婚之后，如果有一天我意外去世，你会不会再找个男人嫁了？"

大多数女人一定会这么说："如果真的发生这样的事情，我会等到孩子长大懂事之后，再问他，希不希望妈妈再找个男人嫁了。如果孩子同意，我才会嫁人。"

这样的回答对不对呢？我们要承认这回答本身是对的，很真实，不虚假。

但是男人会喜欢听这样的话嘛？如果说你真的把这样的答案讲给你男朋友听，那他或许会立刻写一个财产声明："如果孩子他妈再嫁，我留下的财产跟她的第二任老公没有一点关系。"

当然还有其他更多的回答，例如：

"如果条件好，就自己养孩子；如果条件不好，就再嫁。"

"对方如果能包容我们的孩子，而且对我好的话，那么我就会嫁给他。"

我们先不探讨这件事情会不会真的在现实生活口发生，但是我相信很多男人都不希望自己的老婆真的改嫁。就如同你问男人你和他妈同时掉进水里这样的问题一般，作为妻子、女友，你永远希望老公会优先救你。人都是自私的，而实话往往最伤人。

在现实生活中说真实的话，有没有错呢？

没有错！

但是，两性交往的时候，真的有必要把话说得那么清楚吗？一定要把最真实也最伤人的话完全讲出来吗？现在的你依然觉得两性之间只能用最真实的言语交流吗？

通过上面的案例，我们可以明白有些时候，纯粹的实话除了破坏你们之间的感情外，没有任何意义！你真的会和她妈妈一同掉进水里吗？很显然，这种事情发生的概率并不大。男人说先救你是考虑到你的感受，但是在你提出问题的时候，又有没有考虑到对方的感受呢？

回到上面的案例中，女人该怎么回答那个问题呢？

与其对自己的老公说出真实的情况，表明自己有可能改嫁，倒不如对他说："你死了我也活不了。"

对于亲密之人离世那一刻的心情而言，这句话在某种程度上也是真实的。

我希望大家可以诚实地表达你的态度和情绪，不要只讲客观存在的事实，两性之间相互交往并不一定非要说出客观事实，有时候只要表达自己的态度和情绪足矣。这便是说话技巧的问题。

其实这样的说话技巧不仅可以用于夫妻、情侣之间，同样在面对家人、朋友、同事、上司时，这样的说话方式对于交流沟通和情感维护都是大有益处的，甚至有可能在重要的人生转折中为你提供帮助。

讲完了方法，给大家出一道题：

如果有一天你在街上闲逛，买了很多东西，突然想起来，今天是你男朋友的生日，但一看兜里钱不多了，加起来只剩下一百块。

然后，你用这一百块钱给男朋友买了一个蛋糕。请问在送给他蛋糕时，你应该怎么表达呢？

我相信有的女生可能会这么说："今天我去逛了一天，买了很多衣服、鞋子。在买完口红之后，兜里就剩下一百块钱了，我突然想起来，今天是你的生日。于是我就用剩下的钱给你买了个蛋糕，怎么样开不开心？"

大家可以想象一下，她的男友听完之后会不会开心？我想答案一定是否定的。反过来看，如果有一天你过生日，男朋友对你说这样的一段话，还要问你开不开心，我相信你的心里一定不怎么好受。虽然你在行动上送了个蛋糕，但说出的话却让人以为你根本没有看重这件事儿！

那么在这种情况下，应该怎样去跟自己男朋友沟通呢？

你完全可以这样说："亲爱的，我突然想起来，今天是你的生日。我用光了身上所有的钱给你买了一个蛋糕，祝你生日快乐！"

同样是买蛋糕，可以明显感觉出来哪种说法更让对方舒服。第二种说话方式，说的内容依旧是真实的，但是更具技巧。同样的情况下，我们试想一下，男人听到这样的话，又会是怎样的心情呢？

答案不难猜，他必然是非常开心的。虽然有的男生表达情绪时较为含蓄，表面不一定手舞足蹈，但内心也一定欣喜若狂。长此以往，男人也被这份体贴温柔所影响，对女友越来越好，会记得她的生日，记得结婚纪念日，记得买礼物给自己的爱人。

适当地使用说话技巧，可以在两性相处中起到令人惊喜的作用。

学会抓住男人的心

　　小妞有一个近乎完美的未婚夫，这个男生28岁，硕士毕业，工作能力非常强，工资待遇也不错，前途一片大好。更难得的是他的情感经历简单，又高又帅，身体健康。总之，所有的一切都没有问题。

　　在交往的过程当中，这个男孩对小妞也非常好，不仅在学识方面，让女生钦佩，品性也很善良，对女友百依百顺，不计回报地付出金钱与感情。

　　有一天，小妞出于好奇，想试探一下男友的底线，所以故意连续好几个月，给他制造麻烦。男友在被小妞打击的同时，想到的仍是先稳定她的情绪。两个人就这样交往了一年，也见过彼此的父母，定下婚期，买房的时候，房款也都是由男生来承担的，并且房子的唯一所有人也是小妞。真的可以说小妞遇到了一个好男人，他愿意无条件地配合女友提出的所有婚前协议。

但越是这样，小妞就越不敢相信了。

小妞一直认为自己配不上这个男孩，相貌一般，身材一般，本科学历，马上就到26岁了，工作、家庭都比不上男孩。小妞跟男友在一起，总觉得自己是占便宜的一方，既高兴，又担心，怀疑这一起会不会都是假的，为什么自己会这么幸福。

小妞常常思考着自己有什么优点，能让这样的男人倾心？这个男人到底想要什么？像自己这样一个普通的女人，该如何维护一段价值差异如此巨大的婚姻？

带着种种疑惑，小妞过来咨询我。为什么自己所拥有的资本比男方少，他还会选择我？在以后相处的过程中，应该采取怎样的策略？该怎么维护好这段婚姻，让丈夫保持忠诚？等等。

听完小妞对未婚夫的描述，我也觉得她遇上了难得的好男人，衷心希望她能够抓住这份幸福。但是要维持这种关系，又该如何做呢？

其实每一个人择偶的标准都是不一样的。即便有些人生下来，自身条件非常好，但是对于男性来说，在结婚对象的选择上安全感、稳定感更加重要。

所以作为男人，无论他有多么喜欢看漂亮女生，但最终仍然想娶一位更令他有安全感的女性。忠诚与温柔远比其他的外在条件更令适婚男性所重视。

而在此之外，女人对男人的需求感也是非常重要的。

如果当男人感觉到自己被一个女人深深地需要时，那么这种被深深需要的感觉就会唤醒埋藏在男性基因里面的父性。男人们会认为这个女人是如此需要他，不能离开他，男人也会因此被激起强大的责任感，极力照顾自己的女人和孩子。

说句题外话，我第一次看到小妞这样的自我描述时，我也感觉有点不可思议，也会想到这个男人是不是只是表面伪装。

但当我跟小妞慢慢接触下来，我一点点了解了她的性格之后，也终于理解究竟是什么原因打动了小妞的未婚夫，让他愿意一直对女友呵护备至。道理很简单，小妞是一个单纯的人。在与她的接触中，我可以感受到她性格温柔，生活独立，有自尊心却不至于过度敏感。或许以大众眼光看她长相一般，但综合起来这样的女人在男人的心中，就是最佳的结婚对象。

所以，女孩子们，如果想跟男友步入婚姻殿堂的话，一定要保持一个良好的品性和积极的处事态度。毕竟，婚姻之后是更加漫长而枯燥的日子，如果在交往的过程中，每天都在争吵，甚至越吵越狠，那么请想一下，这真的是你未来想要的生活吗？

如何向男友提出见家长

对于见家长这件事情，不论是男方去女方家，还是女方去男方家，大家都是有压力的。在这里，我们探讨的是女方该如何跟男友沟通见自己家长这件事情。在现实生活中，有的女孩一定经历过这样的事情，甚至有的女孩是吼着让男友跟自己回家见爸妈的。那么，女孩该如何向男友正确表达出见家长的意图，并令他心甘情愿地主动配合完成呢？

我们这边采取的方法是，清晰明了地沟通，搭配设身处地为对方着想的态度，以及简单明确的指示方式。

大家先看看下面这个案例：

一个女孩跟男朋友交往了大概一年左右，感情也比较稳定。现在，女方家长提出想要见见女儿的男友，但是女方不知道该如何开口。一天，吃饭的时候女孩装作不经意地冒出了这样一句话："有空陪我回家看一下我爸妈吧！"

男朋友一边应下来，一边吃着东西。

女孩感到欣喜，认为男方已经同意，于是等着他去安排。然而一个月过后，男友没有任何动静。

一次约会时，女生又问了男生一句："有空的时候陪我去看我爸妈吧。"

"嗯。"男孩一边吃零食一边点点头。

女孩欢天喜地回去了。等了一阵子，还是没有动静。

之后，两个人因为一点小事而发生矛盾，女孩再也忍不住地爆发了，对男孩说："你心里从来就没有过我，说话一直都不算数，一直在骗我！"

男孩有点懵，对女孩说："我什么时候骗过你了，又骗你什么了。"

女孩继续说："你上次明明说过，要陪我回去见爸妈，都已经说过两次了。但是到现在都没开始准备！你还说会带着我去见你的朋友，但是到现在为止，我一个都没有见过。我是不是真的就这么丑，见不得光？你是不是就想一直骗我？你说的话是不是都是假的？"

男方听完女友的话，火也上来了，说："我每天接送你上下班，一天恨不得25个小时都把我跟你绑在一起，你给过我时间去见朋友吗？还有，你的父母和我们又不在一个城市，你自己都好几个月不回家一趟，你自己都不重视这件事情，还好意思说我？简直不可理喻！"

女孩一听这话，马上又调高了一个调门说："你居然还在狡辩，你分明就是骗我，你就是不爱我！"

最后男方实在无奈了，说："我就是这样，你能接受就接受，不接受拉倒，爱咋咋地。"

留下女孩一个人痛哭流涕。

这是一个很明显的女方表达不明确的案例。

为什么当事人不能就见父母这件事情，好好跟男友谈一谈呢？试问你自己都躲躲闪闪，男生又怎么会重视呢？

那么，正确的方式应该是怎么做呢？我们接下来看看另一个案例：

女孩在吃饭的时候不经意地说："我家里的亲戚要给我介绍个男朋友。"

男孩不动声色地问："然后呢？"

"然后我跟我妈说，我有男朋友了。"

"哦。"

"我妈就说什么时候带回来见见吧。"

"啊……"

"我妈说她是怕我太凶，把你吓跑了，想要跟你结盟，请你吃顿饭，然后一起对付我。"

"哦。"

"但是我对我妈说，我们之间的关系还没有到那一步。"

"然后呢？你妈说什么？"

"我妈就说：'这都什么年代了，先见见嘛，就当作是普通朋友回家吃个饭，下周带他回来。如果你觉得只带男友回来不合适的

117

第五章

话，那可以再多叫几个朋友一起。'"

"下周？！"

"我说我下周有事，然后我妈说那就下下周吧，然后说要我问问你的时间。"

"下周我也有事，要不就下下周吧。"

女孩轻轻松松地达成了自己的心愿，也不会让对方觉得是她自己私自做的决定。

看完上面的这段对话，对比两个女孩的应对方式，就会发现事情的结果有明显不同，所以我建议大家采用后者的方式。

当然，我也会为大家介绍一种较为实用的方法：

两个人约会时，要装作无意且轻松高兴的语调说："亲爱的，我亲戚这两天在说要给我介绍男朋友。"

如果对方的反应比较正面的话，那么你就可以继续说："我和亲戚说我有男朋友了，可是她就死活不相信，还问我妈是不是真的。"

"然后呢？"

"然后我妈就实话实说了呀，对那个亲戚说她只是知道我有男朋友，但是还从来没有见过。"

"然后那个亲戚怎么说呢？"

"她非要让我去见一见介绍给我的那个男生。我妈说我都有男朋友了，家长应该尊重孩子的意愿，不能做不道德的事。"

叹口气继续说："我妈还说，要不约个时间一起吃饭，不能只听我说有男友，但是见不到人影，她担心我骗她。"

好了，话讲到这里，基本上男生都会积极主动地跟女友回家见爸妈。

也许在现实生活中，大家会遇到各种各样的具体情况，一定要记得随机应变，遵循三大要素：

第一，虚拟竞争对手。

这是一个非常重要的点，一定要有新的竞争者出现，这样才能让男人转变竞争姿态。

人都是有惰性的，无论男人还是女人。所以，千万不要和人的惰性发生冲突，千万别在相安无事的情况下提这件事，很容易让男生感觉莫名其妙。这就像你的同事有一天不经意地问你这样的一句话："哎，你什么时间有空啊，方便的话帮我去距离这边100公里以外的一个地方，把这几百页材料复印一下吧？"如果是你，愿意过去帮他这个忙吗？

所以，当你鼓起勇气主动提出"你什么时候可以跟我回家见一下爸妈"时，男人嘴上一定会答应，但内心深处却觉得这是你自己决定的事，因此就会本着多一事不如少一事的心态，摆出一副你不着急，他也就不着急的样子，一直耗下去。

第二，约定时间。

相信我们都有这样的经历，在上班的路上路过一个煎饼摊儿，摊主问你是加一个蛋还是加两个蛋，你一定会回答一个或者是两个，很少会有人说我不要鸡蛋；但如果摊主问你，你的煎饼加不加蛋啊，这样的情况下很少有人说加两个蛋吧。

所以，在交流中一定要让对方做选择题，而不是填空题。

比方说，有一天你发现桌子上的灯坏了，这个时候你男友请求帮助。

第一种说法："亲爱的，我桌上的灯坏了，你能帮我修一下吗？如果不方便的话明天也可以。"

第二种说法："亲爱的，我桌上的灯坏了，你帮我修修呗。"

这两者表达的意思是一样的，但是对方的感受是不一样的。第一种是有时间限制的，也留有余地，不会让对方感到急迫感，听起来也舒服。但是第二种方式，你只顾展示需求，没有给对方留有空间，让对方觉得很急迫，很不舒适。你的心里特别重视这件事情，因为对方答应了你，却一直没做，甚至会因此觉得他不爱你，欺骗了你，心生怨气。"你答应了我可以过来修的，为什么不能马上过来？你完全不重视我，根本就不爱我！你是不是觉得我不重要了……"

所以在这里，我所提倡的方式是表达自己的需求可以，但不要太过于着急。平时生活中，也一定会存在男生寻求你的帮助，而你没能立刻给予帮助的事情，不是吗？如果男人也时常把"你是不是不爱我了"这样的话挂在嘴边，你会开心吗？

回到之前的案例，女孩想带男友见家长时，也可以借家长之口传递一下时间限制，给出时间要求，再把自己的意愿添加其中，这样的表达适度且有效。毕竟，没有一个爱你的男生会不尊重你的家人！

第三，一定要充分考虑对方的感受，为对方着想。

在前面的案例中，我们说过要制造假性虚拟竞争，令男方为解决纷争，而一同参与其中，进而达到见家长目的。这样的竞争是虚拟的，但足以激起男生的重视，并且可以巧妙地将他拉入参与者的境地，共同准备，共同面对，见家长就不再是你一人决定的事了。

当然，女孩们也一定要注意，这样的方式只能在极有把握的少数情况下使用。大多时候，女孩只需对男友提出要求，并给予时间限制，及时确定，就足够了。

第六章

恋　　　一　　　生

Chapter 6

无法抓住爱情的女孩，存在哪些问题

在上一章中，我们讲到了两性恋爱初期的一些事情，以及恋爱中的言语技巧。

但是在生活中，也存在这样的情况。有的女孩找了一个男朋友，相处不久就分手了，以为是自己运气差，又找了一个男朋友，过不了一段时间再次分手。感情一直不顺利，甚至找了很多个男朋友之后，发现都没有办法跟对方长久相处。然后，要么灰心丧气地觉得这辈子也就这样了，要么抱怨上天待她不公。

我曾经遇到过这样一位客户，痛哭流涕地跟我讲，她是多么多么爱她男朋友，可为什么他们总是选择离她而去。

长时间的情感咨询工作，使我发现恋爱不顺利的女孩身上，总会有出现类似的问题。当自己对对方有所不满时，不知道应该用什么样的方式，说什么样的话，才能改变对方。女人们总以为通过"爱的痛骂"就能让男人悔改，殊不知随着你痛骂次数的增多，反而会令男人离你越来越远。

给大家举几个例子：

案例一：

小周和男朋友原本约定好周末去欢乐谷玩，周四的时候，男友突然打电话说："我周末要加班，不能陪你去玩儿了。"但事实上，就在几天前，小周已经从朋友的口中知道男友这个周末是不加班的，他只是找了一个借口，想推掉跟小周的约会。

这个时候小周应该怎么办呢？去戳穿男友的谎言，还是自己一个人生闷气？

面对这样的情况，很多女孩通常会直接说："你爱来不来，你不陪我来的话，我就去找别人陪我。"

这句话说完后，表面看好像是丢出了一个高价值信息，暗示自己身边也有别的追求者，但其实这种错误的信息反而会令男友觉得女方朝三暮四，品行不端，信任值瞬间降低。结果男友不仅没有表现出歉意，心里还埋下了不愉快的种子，甚至会就此提出分手。

其实，女孩真正想表达的是希望男友可以陪自己，并不是特意说这样的气话。但她却不知道这样粗鲁的方式，反而将自己的男友推开了。那么正确的回应方式应该是怎样的呢？

"亲爱的，我知道你特别忙，你也一直在为我们的未来打拼。之前我一直都不够体谅你，但从今天开始换我来等你。等你有空，再给我打电话，好不好？我会很想你的。"

听完这样的话之后，男人自然会心生愧疚。只要这个愧疚感存在于他的心里，那么他就不会再用其他理由推脱与你的约会。

当然在现实生活当中，如果男友真的对你做出了这样的事情，在用完上面的方法之后，你同样还要追加对男孩的惩罚。但那要怎么惩罚呢？给大家介绍下面两种方法：

第一，嘴上服软，行为上冷落对方。

虽然嘴上是服软的，但我们在行为上一定要强硬，

比如男朋友约你某一天去吃饭，那么你可以打电话对他这样说："哎呀，其实我也很想跟你去，但是今天老板安排我加班。"

嘴上虽然说就想跟他在一起，但是你却用实实在在的行动惩罚了他。

第二种，结识新的异性。

你也可以在这段时间内开始尝试跟其他人接触，如果有的人开始对你发起猛烈的追求，那么就此换人也未尝不可。

当然，如果你没有选择与其他人在一起，那么拒绝他约会的行为，其实也可以令他意识到你们的价值是平等的。过程中仍要注意惩罚的适度与适量原则。

案例二：

男朋友信誓旦旦地对你说为了你，他要戒烟戒酒。虽然在与你一起时，他烟酒不沾，但有一次你却意外看到他依旧抽烟，这时该

怎么办呢？

很多女孩会立刻暴跳如雷，抢过男朋友手中的烟扔在地上，狠狠地踩两脚，然后瞪着眼睛对男友说："我说过多少次了，不要抽烟，你怎么还这样？之前答应过我不再抽烟的，你却还要在这里继续抽！我说过最讨厌吸烟的男人，你一直都骗我，你是不是不爱我了？分手！"

男生在自己的谎言被戳穿之后，一定会想方设法地将女友哄回来。这个时候如果你原谅了他，他就知道你的底线在哪里，就知道只要用甜言蜜语，就会让你消气。那么从此以后，他依然还会对你说谎。

在这种情况下，我比较推荐女生用另外一种方式。

在看到男朋友对自己说谎的时候，大可以低下头委屈地对他说："亲爱的，我现在非常难过，你这样的行为让我觉得没有安全感，我心里很不是滋味。"

只要用这样的方式跟男生说话，那么他一定会心生愧疚，然后你就可以安心等着男生来认错了。他一定会甜言蜜语地来哄你，这个时候你可以提出补偿，比如让他兑现之前答应你却一直没能完成的承诺，或者可以直接将经济实权掌握在自己手中。

案例三：

如果你跟男朋友一起逛商场时，看到了一件非常好看的衣服或饰品，但是男朋友总是以不好看为由不想买。我相信这个时候你心里一定是非常不舒服的，那么应该用什么样的方式来化解呢？

部分女孩儿可能有过这样的经历，要么自己掏钱买下，要么现场跟男朋友发脾气，还要赌气地甩下一句："你不买，我自己买！"

这是大部分女生所采用的两种方式，而我要告诉大家的是，这两种方式其实都是不可取的。如此一来，你并不能化解内心积累的怨气与怒气，他也无法学到正确的处理方式。在此，我推荐大家的方式是这样的：

你可以悲伤地对他说："亲爱的，你这样对我，让我觉得自己在你心里一钱不值。我心里很难过，我猜你是没有找到值得付出的那个人，所以才临时找到我的。没有关系，亲爱的，无论你对我的爱是不是真的，我都是爱你的。"

在说完这句话之后，男生心里会产生内疚，会认识到自己的行为确实对你有所欠缺。

如果在你们交往过程中，男生后续还有表现出这样的行为，那么你可以继续跟他说："我觉得我们之间的感情没有我想象中那么深。我是那么爱你，但是我没有想到你并不像我想象中那么爱我。"

这样以退为进地传达"我觉得你不爱我，我没有安全感"或"我很委屈"等，类似的情绪，会清楚地令男生意识到他的不足。

这个时候你就放心吧，男友一定会倾尽一切给你安全感，给你他所有的爱，让你不再委屈。

好了，说完相关的案例，我相信大家也都知道了，在恋爱关系中为什么有那么多女人情路不顺，以及不断换男友，却始终找不到合适的那个人，始终得不到幸福的原因究竟出在哪里。

　　看到这里，你的心中也一定有所触动。如果你是那个抓不住爱情的女人，我希望接下来你可以用我教授的方法试一试。爱情从来不是从天而降的，要靠自身的努力与付出才能牢牢把握住。

男人最怕"恨嫁女"

曾遇到过这样一位客户。

她长了一张娃娃脸，大眼睛，声音非常好听，个子娇小，说话也非常幽默，职业是大学英文老师。按道理来说，这样的女孩其实应该是非常抢手的。

但她却来咨询，为什么自己总是嫁不出去。原来她已经单身七年了，目前非常着急嫁人，但就是不知道为什么嫁不出去，自己明明也挺优秀的。因此，来咨询到底是哪里出现了问题。

在与这个女孩的交流中，我已经能逐渐感受到症结所在了，那就是她希望赶紧嫁人。

其实在听完她的咨询后，我讶异又好笑，因为我面对的大多数问题都是：如何处理与男朋友的关系，或者如何追求喜欢的男生，或者如何挽回男友，等等。但是像这样，想快速把自己嫁出去的案例还是很少见的。

我对她的建议是，先平静下来，不要在结婚这个问题上显得那么着急。即便遇到一个比较合得来的男生，也不要迫切表现出结婚的愿望。可以换一种方式，对男生说：

"我单身已经很久了，虽然平时也挺坚强的，但一个人多少还是有些寂寞，希望有个人可以陪我一起过日子。我有很多爱好，还做得一手好菜，希望有一天可以做给自己心爱的人吃。"

不过这个看起来乖巧的女生，在听完我的建议之后，还是没有什么太大的长进。每次出去约会，她都会对男生说："我单身已经很久了，好想找一个人陪我逛街，帮我拎东西。"

女生在给我打电话的时候，总是说着说着就泪流成河。甚至有一次还非常好笑地说："老师，你单身吧，实在不行我就嫁给你了。"

说到这儿，大家已经知道了，这样的女生恋爱不顺，跟自身还是有很大关系的。

为什么女人越想把自己嫁出去，就越嫁不出去呢？其实是因为男人和女人在需求上有所不同。

给大家举个很简单的例子：

对于男生来说"性"是非常渴望的东西，但是女人不一样，比起性，婚姻才是女人真正梦寐以求的，而问题恰恰就出现在这里。

如果一个男人刚认识你两天，突然在一次约会时，表现出一副急切地想跟你上床的样子，那么作为女人的你害不害怕？会不会慌张？是不是想逃？

同样的道理，如果你认识一个男人才几天，就对人家说你特别想嫁人，让他考虑结婚的问题，男人也会发慌，觉得你不靠谱、不正常，甚至会跑掉。

在这里我也要提醒一下广大女同胞们，这个世界上还存在着很多感情骗子，就是看准了大龄女恨嫁的这个心理，骗财骗色。即便是出于对安全问题的考量，也该尽量控制一下自己，不要暴露弱点。

在网上流传过这样的一个段子：

如果你想在26岁之前生下第一个宝宝，那么，你就要在25岁左右怀孕。怀孕之前还要过一下二人世界，那就得24岁结婚。结婚之前要订婚、见家长、准备婚礼，大概需要一年时间，那么就要在23岁的时候订婚。订婚前至少也要跟男朋友谈两年恋爱，那就要在21岁的时候遇到对的男人。在21岁遇到这个对的男人之前，还可能会遇到一些其他追求者。那么，也就是说女人要在20岁或者19岁的时候，开始瞪大眼睛，挑选适合交往的对象，只要发现这个人不适合长期相处，那就立马换人。

如果，你现在已经步入了大龄阶段，那么千万不要把恨嫁写在脸上。当然部分女孩的急切心情，也是可以理解的，但完全可以把这个想法存在心里，毕竟自己活得开心才是最重要的。只有真正快乐自信的人，才更容易吸引别人。

即便那个Mr.Right始终没有出现，你也完全有资格选择过愉快轻松的生活，爱情也并不是生活的全部。

情侣之间为了什么而争吵

男女相处之间难免会发生争吵，不论情侣还是夫妻。

但争吵也分为三种类型：一种是男方有理，一种是女方有理，还有一种是男女都有理。

那么在什么情况下可以避免吵架，在什么情况下又必须吵架呢？

关于这个问题的标准，我建议先想一想此次事件是不是生活当中经常发生的？以及会不会让"个例"变成"惯例"？

如果只是偶尔会出现的情况，那么建议不要发火。

比如，偶尔男友因为工作太累，吃完饭后没有洗碗，像这样的事情其实大可不必吵，只要表示宽容和理解就可以了。让他觉得你是一个懂他、理解他的女人，而不是一个怨妇，还能让他对你的感情升温。

但如果这个男人长久以来都是这样的，或者这样的情况反复很多次，那么反而可以找个机会用吵架来解决问题。

有一点要注意的是，很多女人在跟男人发生争吵的时候，特别喜欢冷战。其实你不知道的是，冷暴力比吵架来得更加伤人，而在现实生活中，只要不是出现原则上的问题，不建议采用冷暴力的方式解决问题。

当然在日常生活中，吵架也要掌握一定的方法，不能提及的话题就一定不要提及。否则，本来是为解决问题的小争吵，就会变成大矛盾，甚至更糟。接下来列举几个禁忌：

第一，不要涉及对方的出身。

比如，对男友说："像你这种没有教养的人，天生就这德行，估计你也改不了了。"

第二，不要涉及对方的现状。

比如，对男友说："瞧你现在混得这个样子，怪不得别人都瞧不上你。"

第三，不要涉及对方的未来。

比如，对男友说："我想你这辈子也就这样了，我嫁给你算是倒了八辈子血霉了。"

第四，不要涉及自己的选择。

比如，对男友说："当时那么多人追我，我怎么就想着你，我真是瞎了眼。早知道是这样，我就跟别人了。"

第五，不要涉及对方的父母。

比如，对男友说："你现在这个样子就跟你妈一样死脑筋，跟你爸一样抠门儿。"

总而言之，吵架可以，但是一定不要涉及对方的父母、对方的志向、对方的出身，更加不要愚蠢地去暗示对方，自己还有备胎，以上都属于吵架的禁区。

另外，在争吵的时候一定不要翻旧账。部分人最爱翻旧账，这一点是非常不可取的，一定要就事论事，一码归一码。永远不要忘记自己的目的，吵架时头脑也要同样清醒，有效的争吵是为了找到和平的方式解决问题，而不是真想分手。

在吵架过程中，有一些原则性的问题和一些底线性的问题，是不能够让步的。比如：未来定居在哪个城市、想要跟谁结婚、婚后的工作问题、父母的赡养问题以及小孩问题，等等。针对这些问题，一定要跟男方进行妥善商讨。

即便是在恋爱阶段，也可以跟男方进行商讨，先达成口头协议，这样一来婚后也可以有所共识，从而避免不必要的争吵。

两性交往中，如何让男方不触及你的底线

　　我身边有这样的一个朋友，男性，在婚姻中出轨。被揭穿之后，他老婆不吵不闹，然后原谅了他，而这个男人就觉得，出轨这件事情不会触及他老婆的底线。从那以后，这个男人不断出轨，而他老婆也没有表现出任何的不满和愤怒，因此他就觉得老婆允许自己出轨。

　　直到有一天，他老婆突然提出离婚，他当时完全不敢相信。现如今我这个男性朋友已经离婚了，一直想着如何跟前妻复婚。他是这么告诉我的，如果当初他老婆能在他第一次出轨的时候，跟他摊牌表明态度的话，那么之后他一定不会再出轨，不会因为不清楚对方的底线而做出这样的事情。

　　从这件事情中，我们可以看出朋友第一次出轨的行为，其实已经触及女人的底线，只是女人选择不争不吵，原谅了他。本是希望用这种温和的方式，让男人知错能改。

但是女人的容忍，并没能将自己的底线亮出来，导致男人不清楚女人底线在哪里，令男人不知所措，产生侥幸心理，不断地试探，从而一犯再犯。

在这里，我要告诉大家的是，不要指望男人可以完全理解女人的所思所想，所以在表明底线这件事上一定要果断。

所谓的底线，其实和无法接受、不能容忍，是同样的意思，是指当男人做出让你没有办法接受或者触及你底线的行为时，你提出要求，他必须改，如果不改，那么你就一定会跟他分手。

但现实情况却是，女人口口声声说接受不了、无法忍受，实际上又总迫于现实，选择接受。这样一来，男人是看不出你的底线的，所以他一再犯错。你表示不能理解，嘴上说他已经触犯到你，却又为了他肆意降低自己的价值。

如一个男人，无论犯大错还是小错，都被女人说成触及到了她的底线，那么男人根本就不会知道对方真正不能容忍的事情是什么，从而将错就错。

所以，底线一定要清晰，不能模糊，更不能视若无睹。

比如，现男友跟前女友还有联系，这样的事情就存在着两种情况：

一种是男友主动联系前女友，另一种是前女友主动联系男友。

第二种是不可控的意外情况，但第一种则是男人主动犯错的行为。遇到不同的情况，女人也应该采取不同的反应和策略。

如果是他的前女友主动找来，此时你可以用示弱的方式委屈地表达自己没有安全感，并借此向男友提出一定要求。

如果是男友主动去找前女友，那么你就要明确地表达出愤怒和不满，不允许再有下一次，一旦再出现，立刻分手，以此表明自己的底线。

第
六
章

如何有效地实现和平分手

谁的爱情都不可能是一帆风顺的。

爱情不顺的时候应该如何有效地分手呢？

相信每个女孩子都想谈一场不分手的恋爱，但在漫长的人生中，我们总会遇到各种各样的问题，也总会遇到不合适的人，在这种情况下，自然没有必要将就下去。想要抓住一个男人，就要先学会把握自己的心，在这个世界上没有能免费得到的好处，无论是面包、汽车、房子，抑或爱情。

当两个人真的没有办法继续走下去，不得不分手时，该如何有效地进行分手呢？

分手之后，大家最担心的无非是自己声誉受损，或者分手之后被对方报复。因此，在提出分手时总会有所顾虑。那么，在这里我给大家推荐的方式是以退为进。

总体来说，最关键的点在于，如果想有效分手，就要想方设法地让男人觉得是他抛弃了你，让男人心生愧疚，这样他才会心甘情愿地离开你，并且还会对你进行补偿。

在网上我看到一个网友提供的和平分手的方法，简单且实用，我在这里分享给大家：

第一步，冷漠。

第二步，提出蛮不讲理的要求。

第三步，变本加厉，直到对方无法承受。

当他真的没有办法达到你的要求时，再继续采取第一步的冷漠。几个来回下来，男方自然会选择离开。

在经历分手的时候，我们一定要明白男人不同意分手的原因是什么？纠缠你的目的又是什么？

其实男人纠缠前女友是一个非常普遍的现象，这所有的问题都指向一个答案，那就是繁衍的天性。

在了解原因之后，女人具体该怎么做，才能让男人主动提出分手呢？

第一，表现出非常强的控制欲。

要求他整天陪着你，不让他出去见朋友。还要在过节的时候，要求他送花送浪漫，让他做好男人该做的各种事情。

很少有男人真的能全部做下来，而在男人眼里，提出这种要求的女人是非常作的。慢慢地，男人的耐心就会被磨掉，然后就会产生离开的想法。

第二，减少自己的价值。

整日不修边幅，不考虑穿着打扮，在他面前表现随意且懒散。

第三，表现出非常强的虚荣心。

无比唠叨，经常拿他跟别人进行比较。对他说："我闺蜜的男朋友可好了，总给她买花，买零食，买手机，买包包，你怎么从来没有买过？"

仔细听就会知道，这不是要求，而是抱怨。这样做的最根本目的，就是让男人感到不满，无法忍受。甚至你还可以向男生索要财政大权，不上交就在他面前哭。他一旦对你生气发火，就顺势摆出一副永远不会原谅他的态度，坚持分手。

第四，表现出怨妇的状态。

过年过节时，千万不要提醒他，若是他真的忘了，你就可以借题发挥。

如果他选择补买礼物，你可以表现出一副嫌弃的样子，说："算了吧，你那钱还是留着自己花吧，反正我也不指望你。"

第五，表现得醋意十足。

只要男朋友跟女同事、女同学之间稍微有点联系，你就各种发火、质疑，翻看他的手机，一定要全程黑脸。

如果你们已经同居了，那么同时还要装出一副恨嫁的样子。

做法其实很简单，同学的各种婚礼都要参加，在路上看到小孩也都想要抱一抱，不仅要自己抱，还要给他抱。每日将"结婚""嫁人"的话题，不厌其烦地挂在嘴边。

第六，表现出不合格又强烈的母性。

每次看到小朋友就两眼放光，恨不得要去抱一会儿，但在真正相处后，又各种埋怨。表现出泼妇的样子，或是不合格的母亲的样子，并发誓再也不要小孩。

第七，表现出开放的状态。

经常在男朋友面前讲荤段子，经常出去见异性网友，经常向他透露有哪个异性又来搭讪，经常去夜店玩，等等。

在这里要说明的是，以上的所有方法都是降低自己价值的做法，也只限于已经交往很久的情况下。如果你是一个年轻的女孩子，那么一定要懂得保护自己，不要表现出一副软弱的样子，分手时尽量采取适当合理的方式。

男友想分手，你该怎么办

　　看完了上面女方主动提出分手的情况，我们接下来继续看，如果男友主动提出分手，但是你本人不想分的话，怎么办呢？

　　首先，我们要知道，男人在想要主动提出分手前，是有一定征兆的，行为往往会先一步出卖他们。在这些反常举动出现时，如果想要挽回，或许还是来得及的。

　　第一，不要尝试自虐或伤害对方。

　　我可以理解任何人在被分手时，一定会非常痛苦，但千万要保持冷静，不要说气话，不要做出不可挽回的错事。这个时候一定不能对他说"你一定是看上了别的女孩子"，"我就真的这么让你讨厌吗"，"如果分手，我就去跳楼"等，一时冲动的话，这样会让对方误解你是情绪极端的人，唯恐避之不及。

　　第二，即便知道对方在骗你，也不要指出来。

　　比如，他偷偷约了关系暧昧的异性朋友出去吃饭，被你无意之间撞到了，你在微信上问他在干嘛，他却告诉你在加班。这个时候你就权当他真的在加班，不要把聪明才智用在揭穿对方上面，自己心里清楚就可以了。

因为，一旦揭穿他，在这种情况下摊牌势必分手，聪明的女人绝对是不会这么做的。

第三，对于对方无中生有的指责你，也要全盘接受，不能够辩解。

如果男生开始嫌弃你，对你进行各种指责，比如：你不漂亮，你太矮了，他妈妈不喜欢你，等等。这些你暂时不要介意，因为这只是他想你分手的表现。你可以告诉他："我何曾不想变成你说得那样，但现实如此，我只能接纳现在的自己。"

第四，打扮一下，去找那些被你冷落很久的朋友，让自己过得开心一些。

周末把自己的行程安排得满满的，然后把手机关机，也不要答应男友的临时约会。总之，不要过于在意他，将更多的关注放在自己的生活上。

第五，在面对男友的数落时，尽可能表达你的无助以及对对方的需要。

你可以这么说："我虽然不完美，但是老天也很厚爱我，给了我一个很不错的男朋友。"

第六，适当情况下，表现出对他的崇拜。

他只要把一件事情做得很好，那么你就可以赞扬他："亲爱的，你太棒了。"如果他在某些方面做得不够好，那么你就要安慰他说："你已经做得很好了。"

　　如果这个男人真的想要分手，与其一哭二闹三上吊，倒不如把这段经历当成练习，用其磨炼自己的意志，训练自己的情绪把控能力。这样即使在你尝试了各种挽回方式后，依旧没有成功，但对于你个人依旧是利大于弊的。

第七章

恋　　　一　　　生

Chapter 7

女人有钱，是否重要

女人有钱当然重要，对于婚姻也是非常有利的，因为它可以保证你拥有自己的独立空间。

即便有钱很重要，但是也要分具体情况。

如果是一个大家闺秀，那么财富对于她来说，就是锦上添花。但如果是一个独立创业的女强人，财富有可能就是一种阻碍，为什么这么说呢？

首先，独自创业的女强人在创造财富的过程中，肯定经历了很多风雨，这样的女人通常自立自强，不会轻易向自己心仪的男人低头，在发生争吵时，也更加习惯以高姿态对峙，但通常男人并不喜欢这样的女人。

男人喜欢什么样的女人呢？

如之前所讲，温柔、体贴、忠诚才是大部分男人在择偶时所看重的必要条件。

而财富就意味着对这个社会做出的贡献，赚钱就好比扔铅球，你没法一边把铅球扔得很远，一边又保持着温柔可爱的姿态。

所以，拥有大量财富的女强人通常个性要强，脾气刚硬，处理问题果断坚定，甚至有时候比男人还"man"一点儿。

那么，财富对于女人来说究竟重不重要呢？

其实还是很重要的。女人在一定程度上有自己赚钱的本领，才能保证自己的生活不会被男方所控制，进而失去自我。同时，女人也不能把赚钱作为生活中唯一的任务，因为女强人这种生物，还是会让很多男人闻风丧胆的。

最好的相处方式就是，女人要在外表上示弱，不要把自己挣的钱和挣钱的本领，当成自己选择对象的优势。并且一定要坚强，要知道这个世界上任何一个人离开你，你都能活得很好。

做一个嘴软心硬的女人，不论有钱没钱，都可以过得非常精彩。

假如，男人打电话说要应酬，晚点回家。嘴软心硬的女人可以对老公说："亲爱的，你不在我特别害怕，外面非常冷，我也很担心你，你早点回来。"

说这句话之后，你真的会害怕吗？我想，不一定吧，完全可以继续玩游戏，或是跟闺蜜打电话。但这样的话，在男人听来却是极其受用的。

同样的情况，有些女人则会说："你看看你自己，这是这个月第几次出去应酬啦？不是说好了，不再去见你那些狐朋狗友吗？你跟他们混在一起，我也没看见你赚多少钱。十点钟之前再不回来的话就别回来了。"

女强人用非常硬气的口吻表达了自己的观点，反而暴露了缺失安全感的内心。虽然她嘴上说得硬，但是心里还是特别希望老公回来，只不过是说话时没有考虑对方的感受。另一方面，她从来没有向男人示弱过，也非常害羞，羞于开口撒娇。因此将男人越推越远，产生矛盾。

总之，有钱没钱不是重点，重要的是在两性相处中，你把自己放在了什么位置上，是与男人同台竞技的女强人，还是嘴软心硬，巧施妙计的聪明女人。

分手后发现怀孕怎么办

　　曾经有这样一位咨询者，在我接到电话时，她已经哭得没有了力气。她在与男友交往的过程中，原本相处得非常好，但慢慢发现对方是个"妈宝男"，家长也不同意他们在一起，但她还是坚持下来了。时间过了很久，发现这个男生太没有主见，实在是不会做事，在家听妈妈的话，在公司听同事的话。原本俩人都要结婚了，前一段时间男方就莫名其妙要跟女生分手，怎么说都不行，女孩没有办法只得同意。但是，在分手之后，女方发现自己怀孕了，原本希望有了孩子，男人就能回心转意，回到她身边。没想到这个男人无动于衷地说："你觉得我们之间都这样了，还能重新在一起吗？"

　　女孩伤心欲绝，男人继续说："我已经结婚了，有家庭，还有孩子，我没有办法给你更多。"

　　说实话，在看到这个女孩的来信时，我其实挺为她心痛的。我也只能建议她放平心态，跟男方进行交涉，让男人给自己一定补偿，然后打掉孩子。

虽然，这个女孩很想保住孩子，但我还是坚持跟她说明了利弊。如果这段感情没有办法有一个好结果的话，那么一定要当机立断，用最快的方式打掉孩子，等待的时间越长，对女孩子的伤害就越大，千万不能拖延。

不过，也一定要考虑好，这个孩子对自己重要性。如果属于堕胎风险很高的那类女生，那么堕胎这种事就不要做了，可以把孩子生下来自己抚养，再与男方协商好抚养事宜。

看到这里，我想提醒各位正在看书的女生。对于女人来说，优势并不在于主动追求对方，把自己送上门，让他选择。而是要抓住对方软肋，防止被欺骗。

比如，上述这个女孩的情况，虽然从道德角度，我们必须谴责这个男人。但其实，只要孩子不生下来，从法律的意义上讲，男方就没有必要给予抚养费。而即便这个孩子生下来了，也不一定能够得到男方百分之百的抚养费。

所以，婚前怀孕对女人来说，是非常不利的。我建议女人在任何时候都要保护好自己，做决定前一定要深思熟虑。

为什么有些凤凰男可以打败富二代

　　为什么有些女孩，在面对凤凰男和富二代的共同追求时，会选择凤凰男呢？

　　首先，让我们来了解一下，什么是凤凰男？字面意思就是草窝里飞出的金凤凰，通常是指农村家庭，含辛茹苦培养出的大学生。至于富二代，应该就不用我给大家多解释了。

　　凤凰男小的时候生长在农村，而在农村这样的地方，邻里之间是很讲人情的。在这样环境下长大的凤凰男，也一定会非常注重人情往来。而富二代成长的环境却并不是这样的，富二代更习惯于城市中人际交往间通用的等价交换方式，甚至有部分富二代解决问题的方式就是直白地砸钱。

　　相信很多女孩也经常会看到一些心灵鸡汤，上面写着这样的话："钱多钱少不重要，要找一个能知冷暖的人。"或是："他也许不会带我去坐游艇吃法餐，但是他每天早晨都愿意为我跑几条街，去买我最喜欢吃的早点。找到一个爱你的人，才是最幸福的事情。"

很多女孩看到这样的心灵鸡汤，都会纷纷点赞，心中也确实有所触动。由此可见，类似这样细致入微、温柔体贴的行为更容易抓住女孩的心。所以凤凰男追女孩子的方式比富二代更贴近本能，也更符合女人对于"对我好"的理解。

而当一个女人在面对追求不够理性的时候，就极易被这份细致温柔打动，听从本心，下意识做出决定。但婚姻不只是两个人的事，更是两个家庭的结合，两种观念的碰撞，生活中除了浪漫，更多的还是柴米油盐的烦恼。无论是选择凤凰男，还是选择富二代，都该仔细考虑，全面衡量。

女人应该嫁给生活，还是嫁给对的人

在北上广，房价上涨的速度远远超过加薪的速度，非常多的年轻男人的烦恼就是买不起房，结不起婚。而年轻女孩子的烦恼，则是如何找到一个有房子，并且愿意在房产证上写两个人名字的男人。

有一个叫"小吴"的女孩告诉我，她和男朋友已经准备结婚了，房子是男朋友父母给买的三居室，靠地铁近，也比较方便，大概150万左右吧。

买房子付首付的时候，男方家里付出所有积蓄，大概在90万左右，而剩下的钱，男朋友以自己的名义向银行贷款。

小吴家知道这事情之后，向对方提出了，自家拿出30万，把房款补齐，但是产权证上要写上小吴和男友两个人的名字。

可是男友妈妈却不同意，说买房的事本就该男方来办，哪有要女方钱的理由，而且现在年轻人不都是要贷款买房的吗！女方父母觉得男方家里还是挺不错的，也就没再多说什么。

可是后来，男友却告诉小吴，自己也没有想到，父母居然在产权证上写上了他们一家三口的名字。

知道这个消息后，男友傻眼了，小吴和爸妈也都傻眼了，怎么可以做出这样的事情？

先不说，这个房子是两个年轻人的婚房，男生的确是以个人名义还贷款，可未来两个年轻人还要生活，男方收入比女方低，即便是用男方的钱还了贷款，但是日常开销却是由女方来出的呀。

小吴的父母知道这件事情后，觉得男方家里太会算计了，非常伤心，当即决定除非在房产证上面加上自己女儿的名字，否则这个婚就不结了。

男友表示很愿意在房产证上写上小吴的名字，但买房的钱大部分是父母出的，自己做不了主。而小吴觉得男朋友夹在中间，两边为难，也十分可怜。但她就这样妥协，也很是委屈，为什么男友就不能想一下之前的方案呢？

最后男方的父母提出，还贷款的钱由按男方的父母来出，不要让两个人心里有负担，但是房产证上证上面就不能有女方的名字。

女方的父母看到未来的亲家如此不留情面，出于为女儿着想的心态，对亲家的安排妥协之后，决定帮女儿在市区买一套小房子，也为将来的不确定性做打算，留一条后路。

眼看结婚的日子就要到了，但是男方父母却传来话说，房子已经交了，装修、家电等事希望由女方出钱，毕竟到现在为止女方都没有出过钱。

小吴听了这话，心一下子就凉了，她因为这一连串的事，本不想结婚了，但考虑到与男友多年的感情，又十分犹豫。于是，来询问我该如何选择。

　　其实，我想说，在这种情况下男方没有你想得那么无辜！

　　什么叫"男友傻眼了"？

　　真正傻眼的，我看只有小吴一人。而男友也不过是表面上看着无辜而已，说不定心里还在暗爽。

　　不要怪我这样去猜忌那个男生，我从来不相信有谁能不为自己着想，人都是自私的。

　　有人会说，也许这个男友就是个没办法自己做主，只能听父母意见的人呢？

　　这个男人真的是这个样子吗？

　　我们深入地想一想，男方父母自私自利，想占尽所有好处，那么这样的父母又能培养出什么样的儿子呢？

　　而现在的情况无外乎父母替儿子出头，替儿子做恶人，以此让他们家的利益最大化。而他们的儿子呢？处处做好人，看似无能，实则表明了他和父母是在站在一边的。所以这个男生真的无辜吗？

　　两个人在最相爱的时候，男人都不愿意主动站出来维护自己妻子的利益。那么试想一下，在往后的日子中，如果女方和男方的家长发生了矛盾，想必男人一定会站在父母一边，而不会帮助自己的妻子。

　　如此一来，婚后生活也一定是不幸福的。

　　听父母的话、不敢忤逆父母的意思、言听计从，就是孝顺吗？

在婆媳之间发生矛盾的时候，无条件地站在母亲那边，就是孝顺吗？

究竟什么是孝顺，很多男人根本就不懂。自以为听妈妈的话，让妈妈干预自己的家事，发生矛盾的时候，站在妈妈那边，就是对自己家长最大的尊重。这简直就是不可理喻。

真正的孝顺是什么？作为一个男人，做正直善良的人，拥有幸福的婚姻，疼爱自己的妻儿，就是对父母最大的尊重，最大的孝顺。

孝顺在每一个年代都有不一样的含义，而在如今这个时代下，作为一个成年人，很多时候明明可以自己掌握，自己做决定，却偏偏要让父母来干预。看似敬重父母，其实你的表现就是无能。作为一个男人总是向妈妈求助，那就是在侧面告诉自己的母亲："妈妈，我还没有长大，你还是要过来帮助我。"

如果一个男人有能力让自己的婚姻生活幸福，父母还会担心他吗？还会以长辈的姿态，插手晚辈的生活吗？

回到前面的案例，如果这个男生足够爱小吴的话，那么完全可以尊重对方父母提出的方案。比如，房子的尾款由女方父母出，在房产证上添加女方的名字，既能给对方保障，又不会让自己有所损失。即便是未来，两人面临离婚，而房子升值，那么就按照当时的比例进行正常分割也没什么不可以的。

而男生却一定要在这方面加以拒绝，只能说明一个问题，男方同父母一样也想占尽所有好处，不给女方留任何后路。换言之，从感情上讲，这个男人也并没有小吴想象的那么爱她。

而像小吴这样纯洁善良的女孩子，其实是不会特别要求男友为自己做什么事的。其实，如果女方依然愿意跟男方结婚，那么完全可以在婚前做好财产公证。男方出了房子的费用，女方也可以把装修费用、家电费用一并清算下来，然后去做一个财产婚前公证。

　　当然，如果两个人真的把事情做到这个份上的话，那么我觉得这个婚或许也没有必要结了。

男人的占有欲就等于爱吗

　　小兰和男朋友是高中同学，16岁就在一起了。那个年纪在长辈眼中算是早恋，因此遭到了父母、老师的反对，却没毡阻止他们在一起的决心。

　　高考之后，小兰考上了一所上海高校，而男孩却发挥不佳，只能在老家读一个不知名的专科学校。天各一方，男孩会坐四个小时的火车，去上海看女朋友，一起度过一个周末，再坐火车，回到原来的城市。

　　就这样过了几年，男孩的生活费大多用来买火车票，而小兰则把兼职挣的钱都花在了住宿费上。

　　男方的母亲为了让两个人分开，就对男孩说她在上海会找别的男人，会变心的。小兰立马表明自己的决心，发誓这辈子只会嫁给男孩。

　　男孩读的是专科比小兰早毕业一年，毕业之后就到上海来找工作，但是一直没有找到合适的。男孩开始心理不平衡，有时候会对小兰发火，有时候会懊恼自责，认为自己连心爱的女人都养不起，还有什么用？

后来，男孩的父母托关系在老家给他找了一份工作，工资待遇非常好，前景也不错，在小兰的劝说下，男孩回到老家工作了。

也正是在这段时间内，两个人出现了第一次情感危机。

男孩一开始依然坚持，两周来看一次女友，并且把自己每个月工资的一半打给女方，充当给她买礼物的零花钱。

但是慢慢地，男孩来上海的次数越来越少了，虽然也定时把钱打到小兰卡里，但是每次打电话都说不了几句，就立马挂断。

小兰觉得这中间一定有问题，于是马上回到老家。在找到男孩的时候，他正在一家咖啡馆里，跟一个女孩约会。

小兰非常生气，等女孩离开后，上去质问男友那个女孩是谁。男孩说："是我们单位领导给介绍的，我妈非逼着我见。"

小兰极力压制怒火，说："那你什么意思？你喜欢她吗？"

"我只喜欢你，我也是没办法，只想过来看一眼，好回家交差。"

小兰一个字一个字地跟男方说："我现在就可以告诉你，我毕业以后，就立马回老家工作。"

接下来，小兰为了保护她的爱情，拒绝了其他公司的投来的橄榄枝，毅然决然选择回到老家。但是她的专业在老家很难找到什么好工作，工资还不如男孩。

两个人终于又在一起了，男孩也很快拒绝了跟自己相亲的女孩，回到了小兰身边。在得知男孩决定的那一瞬间，男孩的妈妈已经恨死了小兰，因为那个相亲的女孩是个公务员，是他妈妈理想中的儿媳妇。所以，男孩的妈妈怎样也不肯承认小兰，一定要拆散他们。

高中时正值叛逆期，男孩对家长的反对意见，反应是非常激烈的。而现在男孩慢慢长大，变得孝顺，也不敢公开忤逆妈妈，只好一直在妈妈和女友两个人之间，左右逢源。

就在这个时候，小兰留在上海的朋友，刚好给她介绍了一份不错的工作。男朋友劝她回去工作，不必委屈自己，希望她遵循自己的意愿去上海工作，等过个几年，男孩有了钱，再买房结婚。

而小兰并不清楚男孩是不是在撒谎？他口中的"几年"又到底是多久？他们究竟还能不能在一起？令小兰更加迷茫的是，她究竟应该留在老家继续等待，还是自己去上海发展事业？这几年的感情又该何去何从？

首先，我们可以看到几个问题：

在小兰回到老家找这个男孩时，男孩正在与其他女孩约会。他虽然解释说是妈妈非要逼他去见的，但不可否认男孩当时心里多少也放弃了继续等小兰的想法。

后来，男孩看似为了女孩着想，让女孩离开自己，去上海一展宏图。但也不过是要找个借口将小兰支到上海，使两人分离，最好可以在新环境中慢慢忘掉他。而等小兰找到新的男朋友之后，这个男孩也会安慰自己，说："是这个女孩不好，不过我已经原谅了她。"

在这里我要对大家说的是，一个男人如果真的爱你，那他一定会想方设法地和你在一起。当一个男人舍得离开你，让你去寻找别的机会的时候，就说明他已经没有那么喜欢你了。

男人的占有欲并不一定代表完全的爱，但是如果这个男人对你一点儿占有欲都没有的话，那这个男人也绝对不爱你。

他为什么要放你走？为什么要还你自由？一定是因为他不想你继续留在他身边，要么是你付出太多，他承受不起，要么就是他已经不再爱你。

第八章

恋　　　一　　　生

Chapter 8

分手一定要有仪式感吗

我身边的一个女性朋友失恋了，她说那个男人再也不接她的电话了，把她拉黑删除，连一句分手的话都没有说。

我对她说："这样挺好的，再继续相处下去的话，你还会看见他更丑陋的一面。"

而她痛哭流涕地对我说："只要这个男人对我说，他已经决定分手了，那么我就会毫无保留地走开。可他为什么一句话不说，把我困在里面呢？"

我说："你不要自欺欺人了好不好？如果你真的放下了，那根本就不会有所留恋。你现在借助这样一句话，来进行仪式性分手，又有什么意义呢？"

遇到这样的情况时，男友不愿当面分手的原因无非就是两种：

第一，这个男人，非常胆小，没有担当。

跟你分手是他的一种选择，但是他却连与你见面的勇气都没有，这种男人，不要也罢。不敢承担责任的男人，也不会是什么好男人。

第二，这个男人就是故意的。

相处了这么长时间，男人难道不知道不清不楚的分手方式，会让你痛苦吗？

他当然是知道的，只不过潜意识里他就是想让你痛苦，想让你不安，让你难受。

两个人在相处过程中，一定会有一些不愉快的事情，会产生很多小摩擦。这些小摩擦如果得不到及时的解决，积累到一定程度就会爆发。

落到实处上，那就是在分手的时候让对方痛苦不堪，报复对方。

对待分手，最简单有效的方式就是放下、忘记，然后继续往前走。不要对这段已经破碎的感情，再抱有任何的希望。不再有希望，就不会失望！

如果你心里总是存着一线侥幸，那就会很难再往前走。

只有关上你们之间关于这段记忆的大门，让过去的争吵、摩擦都变成背景音乐，才可以真正解脱。

当你放下这段感情后，男人或多或少会后悔，不过这种后悔的程度并没有强到迫使他不得不重新追求你的地步。

在这个阶段，其实有很多女人都很好奇，为什么自己总想到对方的好或者不好，而对方却能把他们之间的事情忘得一干二净，把他们的甜蜜全部抛在脑后。

你在这个时候，如果还坚持这样的想法，那么痛苦的也只有你一人，因为他根本就不在乎了。

　　继续往前走，日子还是会一天天地过下去，这个世界上不会因为任何一个人发生任何事情，而停止运作。

　　如果你连往前走的心都没有，那么就更应该加快脚步，这样才能战胜自己。

　　而我这个朋友，在很大程度上，就是希望对方回头找她，所以找了这么一个所谓的仪式感来使自己心理平衡。"只要对我说你决定分手了，我就会毫不犹豫地走开"，也只不过是希望对方继续与她纠缠下去而已。

　　有时候，承认自己的失败是一件非常痛苦的事情，但是只有勇于正视失败，才会有机会再爬起来，重新获得快乐的生活，找到下一个对的人。

第
八
章

两个人开始的时候用了错的姿态

　　小叶是我的一个客户，在2015年年底，通过社交app认识了现在的男朋友。两个人见面之后，第一印象很不错。对方叫小军，是个在上海租房住的外乡人。

　　男人经常叫她到家里来吃饭，相处过程中小叶也觉得对方还不错，两个人的情感慢慢升温，水到渠成地建立了交往关系。两个人约定好，要以结婚为目的认真交往。

　　男方的经济状况，小叶并不是很清楚，只知道他是一个自由职业者。小叶又是个单纯的女孩，总觉得只要真心相爱，其他的一切都不是问题，两个人可以一起奋斗。可后来，事情就完全不一样了。

　　小叶经常主动来找他，他却爱答不理，一起出去旅游也要跟小叶AA制。小叶的感情经历并不多，只想好好经营这份感情。

　　一段时间后，小叶突然发现自己怀孕了。这样，自然就牵扯到了结婚买房等经济问题。但是男方并不想投入太多，希望小叶可以拿出更多钱来买房，这让小叶非常失望。

知道小叶发现男友的手机上有跟其他女孩子的暧昧短信，男友顺势跟小叶提出分手，离开了小叶。

小叶不知道该怎么办了，心里放不下男友，又不知道应该怎么处理这段感情。

在前面的文章中曾经说过，我非常不提倡女孩子主动追求男方。其实女孩子只需要对男生抛一个媚眼儿，或者害羞地微微一笑，剩下的事情就可以交给男生来做了。聪明的女人会让男人来主动接近你。男方主动，代表他对你的付出更多，日后即便是分手，他付出的代价也就越重，因此会有所顾忌。

当一个男人想要跟你分开的时候，最好的方式就是把这个人彻底甩掉。即便是你把这个人再捡回来了，他也不会如当初那般。破镜难圆，即便是勉强装上了，也危如累卵，你越用刀抓，它就碎得越快。

在经历分手后，一定要想清楚自己要找什么样的男朋友，该找什么样的男朋友。

如果说对方并不是心甘情愿地来追你，那么你也不要轻易地开始。爱一个人是要付出代价的，这代价有高有低。但如果对方不再爱你，你还紧追不放，那么不可避免地要付出更多。

第八章

闺蜜并不是你爱情的救命药

　　女孩们都喜欢跟自己的闺蜜讨论爱情生活，这是女孩们解决问题的方式，也是闲聊时的重要话题。在与男朋友发生矛盾的时候，大多数情况下，女孩首先想到的都是向闺蜜求助。

　　与闺蜜分享自己生活中遇到的问题，本无可厚非，也合情合理。但我的建议是，女孩子在跟闺蜜抱怨自己男朋友的时候，一定要好好想一想。

　　一般情况下，闺蜜之间年龄都相差不大，生活习惯比较接近，背景阅历也十分相似。这些就决定了，你们看待问题的角度也是基本相同的。所以，你没有办法确定闺蜜的劝说，是否可以解决你的现实困境。

　　的确，闺蜜说的话总是特别舒心，那是因为闺蜜永远是站在你的立场上考虑的，她说的话自然都是你想听的。

　　但是，闺蜜的信息来源渠道是非常单一的，她只从你的口中听到了事情的整个经过和发展，是相当片面单一的。所以闺蜜听到的负面信息，永远比正面的信息要多得多，因此很多闺蜜往往会误会那个男孩并不爱你。你正在气头上，描述中也充斥着大量主观色彩，那么闺蜜自然会为你拍案而起，让你们赶紧分手，这也是一段原本还不错的爱情破裂的开始。

当然，如果身边所有的朋友都劝你分手，那么大概有两种原因。

第一种，你这个男朋友确实不好，不值得你去跟他交往。

第二种，你在朋友面前为他塑造了一个非常不好的形象，让别人觉得他是一个坏人。

人无完人，或多或少都会有一些缺点，对于不涉及原则问题的缺点，还是要尽可能理解、包容。爱一个人，也不能只接受他的优点，能够理解对方的缺点，才是两个人能否相守一生的关键。

另外，抱怨、唠叨也不该经常和亲密的人讲，关系再好，听久了也会烦的。即使是闺蜜也有自己的生活，这样劳烦人家，消磨人家的耐性，其实无论对闺蜜，还是对你们的友谊，都非常不尊重。

总的来说，女孩子在向闺蜜倾诉自己的情感时，好好想一想，对闺蜜发牢骚除了能解气之外，究竟能不能解决根本问题。

若是遇到了真的需要闺蜜帮助的问题时，在倾诉过程中一定尽量保持客观态度，讲述事实，多描述真实细节。如果你没有十足的把握揣测男友的所思所想，那么请不要无端猜测，切记不要掺杂个人的私心。倾诉的人选也要仔细考虑，对方是否冷静理智，处理问题的能力如何，都会影响这件事的结果，以及你的判断。

前段时间网上有这样一句流行语："防火防盗防闺蜜。"可见，在现实生活中被自己闺蜜抢了男朋友的事情，也层出不穷。我要特别提醒女孩子，有些时候并不是闺蜜特意要抢你的男朋友，反而是你自己把男友推向了闺蜜。

我的妻子就是一个非常聪明的女人，她每一次在面对埋怨自己男友的闺蜜时，都会说："我对你的男朋友并没有那么熟悉，没有你了解，无法形成最直观的认识。毕竟我所了解的都是你给我建立的形象，我不知道他是不是真的像你所说得那么坏，如果他真的那么坏，你为什么还不离开他？"

谈恋爱结婚这件事儿，其实比想象中更加复杂。俗语说："鞋合不合脚，只有自己知道。"任何人都有好的一面，也有不好的另一面，没有什么十全十美的男人。所以一定不要让闺蜜成为决定爱情走向的路标。

闺蜜的话可以听，但作为当事人的你，一定要有自己独立思考的能力，毕竟这个事情的最终决定权还是在你的手上。闺蜜只能给你提供参考，帮你解气，在关键的时候提醒你，让你不要做出后悔的决定。

总是忘不掉他

先给大家讲个案例：

女孩小冰，在上大学的时候认识了一个实习生男友。小冰是一个非常浪漫的女孩，虽然对这个男孩的第一印象并不是那么有感觉，但她认为自己跟这个男孩挺有缘分的，所以就先试着交往看看。

在交往两个月的一次约会后，男孩给小冰打电话，说是觉得两个人在一起不合适，希望今后不要再见面了。

小冰不知道发生了什么，很郁闷，于是想与男孩见面好好谈一下。可没想到，谈着谈着男孩又答应了小冰的和好请求。

第二天，男孩就像什么事都没发生过一样，与小冰和好如初，说前段时间的想法都是一时冲动，小冰也没再多问。但是隔了一段时间，这个男生又故伎重施，结果当然是再次和好。在交往的半年时间里，这个男孩反反复复四次提出分手，又再次和好。小冰心里也明白，这个男孩并不是那么喜欢自己，但就是舍不得放手。

现在男孩提出让小冰和他一起租房住，这样两个人就可以天天见面了。可是小冰对这个反复无常的男孩，心存疑虑，万一他像以前一样戏要自己怎么办？于是，小冰开始犹豫了。

我可以非常坚定地说，这个男孩一定吃定了小冰，从心底就没有珍惜她，而小冰居然对此毫不在意。这样的相处模式中真的存在爱情吗？

男孩之所以这样反复无常，不懂珍惜，除了自身的品性问题外，还有一部分原因在于小冰。正是小冰教会他，可以如此对待自己的。

男孩心里或许会想："像这样死心塌，不跟自己计较的小姑娘，还能去哪里找到？反正两个人目前也没有结婚，还不用对这个女孩负责。即便不喜欢也可以相处看看，不满意还可以随时换掉。"

男孩提出同居要求，也是这般有恃无恐的态度，小冰若是不同意，正好给了男孩分手的理由；小冰若是同意，白捡的便宜，哪有不占之理。

其实，从一开始小冰在这件事上就没有主动权，分手的权利被牢牢控制在对方手中。

试想一下，你和一个并不适合你，也不爱你的人交往下去，只会让你身价大跌，同时还面临着随时都有可能被分手的痛苦。

如果一个男人，不能坚定地爱你，那又何必贬低自己，强留他在身边呢。

从小冰与男友的相处中，可以观察出她是一个没有大局观的人，更没有掌控局面的能力，又恰巧遇上这样一位男友，自然是任人摆布。既然小冰喜欢他，那就只能默默忍受，直到忍受不了，决心离开的那一刻，这个种在心口的毒瘤才有痊愈的可能。

他的前女友回来了

这两天有位客户一直在微信上跟我这样一个问题。

她和男友于2014年开始交往，男孩曾提出见家长，女孩出于矜持，没答应。其实女孩主要是想多了解一段时间，再做决定。

我问她："你们之间的感情怎么样？"

女孩说："他没有说过任何喜欢我的话，也很少对我承诺什么，有些时候我也不太确定，我们之间的感情到底怎么样，也不敢追问。"

女孩说完这句话，我心里大概也清楚是怎么回事了。

"他在一周之前，开始不接我的电话，然后发短信跟我说要静一静，我答应了。一段时间后，他却给我留言说他前女友回来了，他放不下她，要跟我分手。"

能感受到女孩说到这里，情绪非常悲伤。

"说实话被这样分手，其实我本身也挺舍不得的。所以我每天都给他发短信，跟他表明我的立场，我想坚持的态度，期待着他能回来。可是，后来他告诉我，他与前女友曾同居半年，感情非常深厚。我现在不知道该怎么面对了。"

我深深地叹了一口气，跟她说："你应该感谢这个男人，至少他肯对你说实话，让你死心。很少有男人能做到这一点，但他做到了，已经很不错了。"

在这个故事中，女孩对男友的感情是真的，但男孩对前女友的感情也是真的。但是这两段感情关系注定只能存在一个，男孩选择了前女友，并不意味着女孩对他不好，也不能说明被放弃的感情不够真挚。

或许你是一个不错的女孩，但问题是在他眼里还有更好的，与谁交往的决定权在人家手上，你做什么都是没有用的。

这个男孩已经做出了非常理性的抉择，甚至都彻底斩断了两人之间的联系，姿态如此决绝，还能有什么话说呢？

你当然可以每天给他发短信，这是你的自由，而且分手的过程确实是痛苦的。但不能在埋怨对方的情绪中越陷越深，还是应该尝试直面现实，走出来。况且短信轰炸对于已经做出明确选择的一方来说，也只能徒增厌烦，更不会因此而回心转意。

面对一段被放弃的感情时，正确的做法是挥手告别，从此再也不联系，然后重新开始，找一个对的人，继续新的生活。

下一次再遇到合适的男生时，麻烦快一点，热情一些，让你的感情和你的行动同步，让对方多肯定自己一点儿。

俗话说得好："两害相权取其轻，两利相权取其重。"

现在这个男孩之所以选择前女友，并不一定是因为他们之间有多相爱，很可能只是因为他跟前女友在一起比跟你在一起，更舒服。现任每天跟他吵，跟他闹，那他自然觉得还不如跟前任重归于好。

　　这里所说的感情深，并不能代表两个人的交集也同样深。感情或许是两个人的事，但婚姻就不是这么简单了，总要考虑亲朋好友、家中长辈的接受程度。

　　如果你已经见过对方的父母，并且有了进一步的打算，那么对方就不会轻易选择放弃，因为这样需要付出高昂的代价。

　　在这里，还是要说一句，即便有个男人，曾因为另一个女孩辜负了你，但我也不希望你因为这个男人而辜负其他任何人。

　　是否继续交往，决定权不仅仅掌握在你一个人手中，另一个人也有选择分手的权利，在面对这种情况时，但求问心无愧就好。

该过去的就让它过去吧

爱情，在很多人的回忆里是由30％的幸福和20％的痛苦组成的。这并不代表痛苦的事情真的只有20％，实际上人生中的痛苦远远大于快乐。这是由于我们大脑中的记忆机制，会不断美化回忆造成的，被记忆留下的大多都是美好与幸福，也正是如此我们才能坚强地活下去。人要珍惜眼前，活下当下，从苦痛的过去与不确定的未来编织的泥沼中脱离出来，生活才能充满希望。

我认识一个叫作晓琪的姑娘，她是一个情绪非常不稳定的人，生性多疑，对什么事情都想很多。在与初恋男友交往的时候，对方觉得与她在一起特别的累，所以用性格不合为借口，分手了。

晓琪心里虽然爱那个男生，但也明白一厢情愿的感情是不会有好结果的，她不愿意别人可怜自己，也不愿意纠缠，于是选择了放手。她很清楚自己性格中的缺点，也试图改变过。但实际上造成她多疑的性格，是有多种因素的，包括父母的长期不和，使她缺乏安全感。所以晓琪想要改掉这样的习惯，其实并不容易。

后来，晓琪遇到了第二个男孩，他是房东的儿子，叫阿亮。

此前来收租金的原本都是阿亮的妈妈，但就是那一次，阿亮代替妈妈来收租时，晓琪刚好因切菜不小心伤到了手。阿亮看到后，连租金的事都给忘了，立刻带着晓琪去了医院。

这件事情，让晓琪对阿亮产生了一点点好感。

在晓琪心里喜欢啊亮的主要原因还有一层，那就是阿亮对她自己的前男友一样，又高又帅，在晓琪心里总会有那么一个挥之不去的影子。

从那以后，阿亮完全接替了妈妈的工作，定期到晓琪那里收租金，交涉房子的相关事宜。当然，我们都能看得出来，阿亮是醉翁之意不在酒。

其实晓琪也能感觉到，来自阿亮的深深爱意，却没始终没能正面回应。因为，在晓琪心里一直有一个挥之不去的影子，阿亮和她的前男友确实有几分相似，同样又高又帅。

阿亮加快了对晓琪的追求，慢慢地，连房东阿姨的态度都跟以前不一样了。有的时候还会打电话过来，嘘寒问暖，已经不再是以前那个冷冰冰的女房东的形象。

晓琪一直犹豫不定，一方面是因为这个男生比自己大七岁，另一方面也怕男生对自己的过去不够了解，怕再次伤害到对方。

正在这时候，阿亮又做了一件让她万分感动的事情。

一天夜晚，晓琪情绪非常激动，想给闺蜜打电话发泄，却一个都没打通，只好抱着试一试的心态，给阿亮发去一条信息。没想到，几分钟后阿亮的电话就打过来了。

那天晚上晓琪说了很多，阿亮耐心地听完。阿亮还说，之所以这么晚睡就是担心晓琪会有突发状况。在这一瞬间，两颗心的距离缩短了。

慢慢地，晓琪发现了阿亮的很多优点，也发现了阿亮眼中的她是那么温柔可爱。与阿亮在一起，让晓琪觉得轻松愉快。

但是他们之间，年龄、职业都相差甚远，晓琪也很矛盾，总觉得与阿亮的价值观不一致。阿亮对晓琪的想法不能够完全了解，只觉得这个女生表面太过要强，内心又非常脆弱。

一次聚会上，晓琪碰见了前男友。他很热情地过来跟晓琪打招呼，还约晓琪私下闲聊。这一次与前男友的偶遇，令晓琪的心更乱了。脑子里开始不由自主地幻想着，如果一切都能像以前那样该多好。

阿亮发现了晓琪的心不在焉，询问原因，晓琪却怎么也不肯说。因为，晓琪觉得这样的自己有点儿忘恩负义。

前男友开始不断地给晓琪发短信，后来甚至直接约吃饭。

前男友说他现在还是单身，希望可以跟晓琪重新开始。晓琪虽然没有拒绝前男友示好，但也还记得分手的时候有多么伤心、痛苦，更记得曾经发誓不再理会他。

阿亮发觉晓琪近日总是郁郁寡欢，便变着花样地带晓琪出门散心。如此一来，晓琪更没有理由放弃如此真心对待自己的男孩。

在此，我要提醒各位女孩，晓琪的前男友是个有"前科"的人，他既然能抛弃晓琪一次，就会以同样的方式抛弃第二次，甚至分手理由都可以用相同的。

　　同样，如果晓琪真的回到了前男友身边，那么受伤害的人将变成阿亮。再者说，晓琪在与前男友复合后，受到二次伤害，那么她以后还能不能遇到像阿亮这么好的男孩呢？

　　如果你在生活中遇到相同的情况，正陷在犹豫中难以解脱，那么请赶紧认清现实，抛开与前男友和好的念头吧。而且实话实说，我相信看到这里的读者都不会认为晓琪的前男友有多好，至少不会比眼前的阿亮更好。

　　其实晓琪完全可以把她的痛苦和烦恼讲给阿亮听，告诉他实情，表达自己的想法，并且清楚地告诉阿亮自己是不会选择前男友的，自断后路，以摆脱前男友的纠缠。不然，若是一直在两个男友间摇摆不定，试图隐瞒真相，最终很可能哪一个也留不下。

　　意外跌倒，尚且值得同情，但如果是在同一个地方跌倒两次、三次，就没有必要再同情了。对于任何人来说，翻开新的一页，认真对待生活，都是非常必要的。

分手的时候要理智

朋友跟我说过这样一个爱情故事，故事的女主角叫芊芊，在我的理解里她甚至可以算是一个没出息的女孩子。

芊芊跟男朋友分手五个月了，分手是由男孩提出来的，当初只给芊芊发了一条短信，就再也联系不上了。理由也很简单，因为他爱上了别人。

费了好大劲儿，芊芊终于找到了这个男孩，她想约他出来谈一谈。但这个男孩直截了当地告诉芊芊："我早就烦透了，我不爱你了，我爱上了别人。我们分手吧，以后都不可能了。"

讲到这里，芊芊泪如泉涌地对我说："我知道你可能觉得我贱，觉得我没有出息，把自己送上门，让别人羞辱。可是我跟那个男孩在一起三年了，三年的时间，不可能被一句不咸不淡的分手打发了。我没有办法接受这个结果。"

后来，芊芊果然还是忍不住给前男友打电话，没想到这一次的电话是个女人接的。原来他们两个人已经住到一起了，芊芊激动得什么都忘了。

电话那头的女人平静地说："他已经跟你分手了，不爱你了，希望你不要再打扰我们了。"

芊芊听得出来那是个极不好对付的女人，可是这更令她不甘放手。

从那以后，芊芊特意每天都给前男友打电话，直到有一天，这个电话号码被停机了。

芊芊知道前男友现在有故意这么做，是为了不让自己找到他。

于是，芊芊又开始不停到前男友的微博下面留言，把曾经两个人的点点滴滴都写出来。甚至通过这个男人的微博，找到了他现任的微博，每天在那里谩骂女方。

芊芊委屈地说："我知道这样做不好，但是谁让她抢了我的男朋友呢？"

她现在每天都在想着如何才能找到那个男人，当然并不是想要跟他和好，反而是只想让他过得不痛快。

芊芊的心里是这么想的："你说分手就分手了，哪有那么简单啊。我和你在一起的这三年，难道就被荒废了吗？"

说实在话，两个人分开之后，被分手的那个人一定是吃亏多的人。从这一点来讲，我还是十分同情芊芊的，她的所作所为虽有不妥之处，却也可以理解。

但是，难道芊芊以后的生活就不再继续了吗？就这样一直把自己困在一段已经逝去的情感中，徘徊不前吗？

一个人能天长地久地去怨恨另一个人，大概是因为在跟他在一起时就觉得吃亏，因此会积累大量的怨气，恨着这个男人，同时又离不开这个男人。尤其被甩了之后，心中的不甘更会加倍酝酿。

谈恋爱是两个人的事情，在爱情关系中，无论你怎么折腾，只要分手了，你们两个人就会从恋人关系变回到原本的社会关系，这一点必须承认。

而且，退一万步讲，即使想报复一个伤害过你的人，也有很多种方式，而通过卖惨展示伤口的方式最不理智，并且会起到反作用。一个已经不爱你的人，又怎么会在意你在回忆中受过多少情伤呢？

如果想把这些事情公布到网上，引来更多围观者，变成一个公共话题，那么你有没有想过届时你的公共形象又会是怎样的呢？无论他是不是真的辜负了你，在无法感同身受的围观者眼中，你就是一个纠缠不休的怨妇。人生在世也是如此，有些委屈没有必要全部倾吐为快，因为即使讲了出来，也不代表别人就一定能理解，一定会同情，毕竟没有谁是宇宙中心，注定被环绕。有在网络上当全职怨妇的时间，不如将精力放在现实的生活上，努力使自己成长为更优秀的人。

我能理解很多女人，在被男人背叛的时候，心里或许与芊芊想的一样，在不断折磨自己的同时，还念着对方。最初的时候，对方也许会因此而心生愧疚，可时间一长，任谁也会对这样无休止的纠缠感到厌烦。

如果你在现实生活中，也像芊芊这般面临同样的情况，那么与其纠缠，不如放下。不懂得珍惜你的人，远不值得你的付出与挽回，而更好的那个人还在前方等你。

第九章

恋　　　一　　　生

Chapter 9

在感情破裂的边缘，如何聪明地止损

在我年纪尚小的时候，曾一度认为，婚姻的基础就是彼此的信任和忠诚。或许正是我幼年时父母紧张的关系，更加深了我对幸福婚姻的追求。那时，我单纯地想不通为什么会有人能愿接受出轨，也不愿选择离婚？为什么有的夫妻各自灯红酒绿，却要在亲朋好友面前扮演相敬如宾。

小梦最近就很苦恼，因为她无意当中看到老公手机上有这样的一条短信："老公我想你了。"发来短信的是一个陌生号码。小梦当即拿着手机追问老公，但是她的老公却说不知道是谁发来的，可能是发错了。小梦当时不好说什么，但事后越想越害怕，便找到机会直接跟老公要来手机，仔细查看。果然，这次又发现了同一个号码，再次发来短信："刚刚手机没电了，老公我太想你了。"

小梦顿觉崩溃，赶紧上网查了老公两个月来的电话清单，终于明白了老公最近手机费猛涨的原因。一开始他还不承认，在看到证据后，才说那个女人原本是他店里的一个客户。因为是在他店里买的手机，有一些功能不会用，就打电话咨询他，渐渐地两个人开始频繁发短信。那个女人并不在这个城市，这两个月以来他们之间就是发个短信说说"你想我""我想你"之类的暧昧话，但绝对没有发生过任何实质性的关系。

为了证明自己的无辜，老公提出让小梦的好友给这个女人打电话询问。电话中那个女人却说小梦老公根本就没说自己已经结婚了。小梦痛苦地问："为什么要这样？你是不是真的喜欢上她了？"她老公否认道："只是生活太沉闷了，我们之间只发过短信。我也只是想通过这种方式整理一下心情，缓解压力。"

小梦是个十分要强的女人，夫妻二人共同经营生意，最终拍板的也往往都是小梦。经此一事，小梦也会想是不是自己给老公的压力太大了，他才想通过这样的方式缓解压力？

老公在被发现后，各种忏悔、自责，哭着保证以后不会再这样了，小梦深思熟虑后选择了原谅。但万万没想到，时隔两年，相同的事情又再次上演。

虽然他当着小梦的面给第三者打了电话，坚决地说以后不再联系，可这一次，小梦已经完全无法信任他了。小梦十分痛苦，既不想变成一个经常翻看老公手机的女人，更不想受到更多伤害，于是决定离婚。

但是，离婚并不是一件简单的事情。小梦和丈夫是彼此的初恋，大学毕业后两人一起创业，一起打拼，一起养育孩子，照顾双方父母，共同生活了很多年。面对这种情况，又该如何处理呢？

正如前文所讲，我曾经一直认为在婚姻中出轨的那一方，是不可原谅的，因为他对婚姻不忠，这会彻底破坏掉双方建立起的信任，迫使感情走向枯竭。但这样的认识随着我从事起情感咨询工作以及人生阅历的增加，开始慢慢改变。在现实生活中，婚姻能否维系下去，除了要考虑忠诚和信任外，还要考虑婚姻关系中的利益问题，以及离婚将带来的损失。分开是否就是最佳选项，还有没有其他方式可以解决婚姻中的不幸呢？

在这里我要说明一点，我并不是劝你在面对对方出轨时忍气吞声，一味地忍让只会放任对方践踏你的底线。不过，离婚是把双刃剑，虽然能快刀斩乱麻，一解心头之恨，但更深远的伤害也会接踵而至。

第一，在这段婚姻结束后，下一段婚姻真的就能幸福吗？

第二，该怎么跟双方的父母交代？

第三，孩子该怎么办？

当然麻烦的事情还有很多，比如共同经营的生意、财产分割，等等。请在这些问题都考虑全面后，再回头想一想，是否坚持离婚？如果只是为了摆脱难以解决的尴尬处境，逃避困难，才赌气离婚，那就是最糟糕的一种情况。

在离婚前，女人应该正确评估与对方的关系，以及利益牵扯，如果分开之后，受益最大的是你，那么当然可以毅然决然地离婚。但如果离婚之后，损失过大，对方也清楚认识到自己的错误，那么还不如先试着维持现状，让他怀着内疚的心情对你百依百顺，总不算是最坏情况。

在情感危机中，如何做到反击

一天，一位粉丝私信我说她遇到一个特别麻烦的事儿，想让我给出个招儿：

这个女孩儿有一个各方面条件都非常好的男朋友，舍得给她花钱，两人相处得也非常好。男友带女孩见了自己的父母，准备谈婚论嫁，并主动承诺在结婚之后，会在房本和车本上加上女方的名字。

唯一的问题是，女孩和男友交往时间太短，发展速度太快，以至于女孩的妈妈甚至都不知道自己的女儿快结婚了，还在给她物色对象。恰好女孩的爸爸最近了解到一个非常不错的人，妈妈看过也非常满意，因此催促女孩与相亲对象联系。就这样，女孩处于一个犹豫不定的阶段，不知道应该听谁的。

这天，女孩去做头发，手机交给男朋友拿着，正好女孩的妈妈发来短信，催促自己的女儿去跟相亲的对象见面。男友无意间看到这条信息，自然也看到了母女之前的聊天记录，知道了整个事情的经过。

男友非常生气，转头就走。女孩一下子就慌了，原本好好的感情，被自己弄砸了，一时不知怎么办。女孩怀着想要挽回男友的心情，来向我求助。

我给女孩的建议是，让她回去对男友这样说："我只爱你一个人，只是妈妈一直逼我选那个男孩，给我施加压力。尽管那个男孩的经济实力更强，但是我对他完全没有兴趣，只想跟你在一起，我不能没有你。"

女孩子听了我的建议之后，按照我教的话，对男友讲了。而男友听到这些感人肺腑的话语后，对女孩说："无论那个相亲对象经济条件有多好，我都会全力以赴对你好的，我愿意把我的一切都给你。"

在情况好转之后，女孩还特地来向我道谢，他们二人已经顺利领了结婚证，我也送上了真诚的祝福。

也许大家看完这个故事以后，内心并没有感受到太大波动。那么接下来我再讲一个化险为夷的真实案例吧，这就像一场真正的绝地反杀。

这个女孩也是我的一个粉丝，名叫丝丝，在恋爱过程中一直按照我的理论去实践，很快就找到了深爱自己的老公，结婚的时候还专门向我道谢。

有一天，丝丝微信私聊我说现在她老公要跟她闹离婚。我看过后惊呆了，这二人原本一直是令人羡慕的一对夫妻，怎么突然之间就要离婚了呢?

原来,前不久女孩儿怀孕了,或许是因为孕期反应的关系,脾气很不好,总是无理取闹,找茬吵架。时间一长,老公也渐渐感到烦躁。跟丝丝聊过不止一次,觉得两人还年轻,可以等两年再要孩子,他前段时间也没有控制烟酒,可能会影响小孩的生长发育,更重要的是现在丝丝的情绪和身体已经被怀孕所深深影响,长期下来肯定会出问题。其实,此时我们可以明显看出来,丝丝的丈夫并不十分想要这个孩子。

正巧一天丝丝拉肚子,丈夫拿药过来给她吃,原本是好意,只是希望妻子能舒服一些。丝丝却突然爆发,指着对方大骂道:"你根本就没有考虑到我肚子里还有孩子,就让我随便吃药。"两人就这样吵了起来,没想到的是丝丝丈夫也是积怒已久,当即赌气提出离婚,并开始写起离婚协议书,要求丝丝马上签字。

这个时候,丝丝已经慌了,完全不知道该怎么办。丝丝明白自己与丈夫还是相爱的,只是又不知该如何化解丈夫的怒火。情急之下,丝丝又找到我,想让我帮她化解危机。

我告诉丝丝这个时候一定不要再跟老公发生争吵,可以委婉地跟老公说,再给自己一点时间,好好想一想。

女孩在电话里问我后续该怎么做,才能挽回丈夫的心,避免离婚。我教她说了这样一段话,她原原本本地讲给丈夫后,果然丈夫再不提离婚协议的事。女孩知道危机过去了,她的婚姻得到了拯救。这段话是这样的:

"老公,你知道我是爱你的,只是这段时间,我刚怀孕,身体有点儿不适应，也影响了心情，经常莫名其妙地发脾气，可我也不知道怎么回事，没有办法控制。如果你真要跟我离婚的话，那就当我求求你，今天再陪我一个晚上，明天早上再签字。至于我们的孩子，不管你要不要，我都一定会把他生下来，因为他是我跟你在一起时最美好的回忆。我一定会把他留下来，哪怕以后要一个人养育他。"

通过这两个故事，我想告诉大家的是，只要两个人正常恋爱，有一定感情基础，那么一旦出现情感危机时，一定要学会示弱，以退为进才是真正聪明的做法。

第
九
章

将家庭暴力扼杀在摇篮中

如果在大街上看到两个中年妇女打架，在不清楚原因的时候，你很可能会觉得这两个女人都是泼妇，不会因此而愤怒。

同样，如果看到两个男人打架，顶多会觉得这两个人没有素养，却不会感到诧异，反而习以为常。

但是，如果看到男人打女人，那么我们的第一反应一定是觉得这个男人不对。因为无论在什么情况下，我们的概念中都觉得男人不该打女人。

为什么同性之间打架和异性之间打架，有这么大的不同呢？

男人天生的性别优势就是力量比女人大，如果一个男人打女人，那么他就会利用男性力量大等性别优势，来欺压女性。所以我们本能上就会感到愤怒，觉得这个男人不应该这样做。

那么，作为较为弱势的一方，女人该如何自我保护呢？又是什么激起了男人控制不住的愤怒？我们是否有合理的方式在极端情况下避免家暴的发生呢?

首先，我们要思考这样一个问题，家暴的发生是必然事件还是偶然事件呢?

所有的事情都有它出现的缘由，即便是家庭暴力也并非无中生有。比如，遭遇盗窃时，小偷固然无耻，但一味地指责小偷，并不能让我们挽回损失。我们还需要找到被偷的主要原因并从中吸取教训，降低被偷窃的可能性。

那么引发家暴的原因都有哪些呢?

这是一个很简单的道理，在女性用性别优势欺压男性时，男性自然也会用性别优势来欺压女性。

第一，女人性格强势，爱抱怨，脾气臭，讲话难听，对老公长期表现出嫌弃厌烦的情绪，甚至出轨。但凡用上述这些去长期欺压对方，那么就很有可能发生家庭暴力。

很多人对于出轨而引发家庭暴力这件事情表示还能理解，因为出轨是对另一半的背叛行为，是对婚姻不忠的表现。但是为什么抱怨，也会惹来家暴呢? 其实这是由于男女的思维差异造成的，前文已经清晰地阐述过了，女人想要爱，而男人想要尊重。很多时候，不经意的抱怨之辞，恰恰是非常能刺痛对方自尊心的。这样的情绪积累到一定程度，总会爆发。

第二，女人在语言上对男人进行压制。

在大多数发生家暴事件的家庭中，女方大多逞强好胜、强词夺理、喋喋不休，而且说话语速非常快。相对来说，男方则比较沉默寡言，即便双方发生矛盾，男人也没有办法在语言上跟女人进行对抗。在这种情况下，男人就可能会通过武力对女人进行还击。简单来说，就是想让对方闭嘴。

正如下面的案例：

小龙的姐姐是高中语文老师，每次家里发生一点小问题的时候，女方都会揪住这个问题，跟丈夫争吵不休。往往是姐夫说一句话，小龙的姐姐就回他十句话，并且说话音量也很大。

一次两个人争吵进入白热化，姐夫对小龙的姐姐明确地表示不想再听了，小龙姐姐却并没有予以理睬，依然喋喋不休，甚至更加盛气凌人，觉得自己占据了制高点，最终男人忍无可忍，动手打了她。

有的时候，在正常家庭中产生的暴力事件往往不是施加者主动追求的结果，而是处于劣势状态下的反击手段，也是最为极端的手段之一。

当然，对于家庭暴力，我们必须严厉谴责。但是家庭暴力一旦产生，对于被施暴者的伤害是无法挽回的，无论是身体还是心理都遭到了重创，对于家庭关系的破坏也是难以恢复的。在遭遇家暴后，再进行追责，也是亡羊补牢，为时已晚。而且通常家庭暴力发生了第一次，就会有第二次、第三次……

所以，我们一定要了解家庭暴力发生的原因，学会正确的沟通方法，也是学会自我保护，把家庭暴力的苗头扼杀在摇篮之中，这才是最重要的。

第十章

恋　　　一　　　生

Chapter 10

婆媳关系的基本原理

婆媳之间该如何相处，一直是困扰绝大多数女人的一个问题。

其实很多女孩都无法掌握这方面的知识，甚至是通过小说、电视剧、电影来获取婆媳相处经验的。但是在大多数的影视、文学作品中，都会突出婆婆和媳妇双方的矛盾，这给很多女孩造成了一种只要给对方当媳妇儿，就会遭遇不公平待遇的心理阴影。而且很多女生在成长的过程中，发现自己的妈妈也没有办法跟婆婆好好相处的时候，就更加深了这样的认知。

由于对于婆媳关系只掌握浅层认知，很可能采取不正确的处理方式，进一步造成关系的恶化。所以，要解决婆媳关系，首先一定要搞清楚这样的关系是怎么回事。

假设你跟班主任的孩子在同一个班级读书，作为老师的她，既希望自己儿子的分数比你高，甚至是最高，同时又不希望你的分数特别差，拉低班上的平均值。

转换到婆媳关系上，就是婆婆希望给儿子最好的，但同时又不希望你把他的儿子彻底夺走。

基于这样的原理，我们来大致总结一下，婆媳相处的几个要点：

第一，婆婆不是你的亲妈，不要指望她对你比对自己的儿子更好。

尽量不要尝试挑战婆婆和丈夫之间的关系，他们的关系远比你想象中更紧密，挑战的结果只会是两败俱伤。

"我和你妈同时掉进河里，你先救谁？"这样的问题，千万不要当着婆婆的面去问丈夫。

第二，对婆婆要尊重、孝敬。

婆婆是长辈，自然是需要尊敬、孝顺的。婆婆的一些做法或许不够妥当，但你也要明白，对于长辈的错误，要用怎样的方式指出才最恰当。

第三，自己的事情要自己完成，如果婆婆愿意施以援手，那么一定要表达感谢。

婆婆也是从儿媳的身份中走过来的，有些事情上，只要沟通方式合理，完全可以避免矛盾。所以，对于婆媳关系要正确引导，向正向发展，千万不要将矛盾扩大。

富家媳妇，穷婆婆

　　古代的时候，因为交通不便，人们往往都定居在一个地方过着聚集的生活，很少举家搬迁到其他地区。而在这样的村落生活中，人情是非常重要的东西。

　　比如，今天你给我送来了两只鸡，明天我就会还你两只鸭子，这些人情交往是乡村生活中必不可少的。

　　随着社会的进步，交通逐渐发达，人们的活动领域越来越大，城市与乡村的差距渐渐拉开。生活在城市中的人与居住在乡村中的人，思维方式也渐渐产生差异。人情往来，在城市中几乎已经被遗忘，在乡村中却越扎越深。

　　所以，在与农村婆婆交往时，最重要的就是人情。农村婆婆通常带着一股让城市姑娘们难以适应的热情，虽然有时候可能因为生活方式的不同，而难免闹些误会，但请相信她的出发点一定是善意的。作为婆婆的她，也非常希望得到儿媳的肯定，这对于婆婆来说是莫大的支持。

但是，对于一个长在城市的富家媳妇来说，时常且恰到好处的夸奖婆婆，也不是件容易事。

人情和名誉，对于在农村生活了一辈子的婆婆，是非常重要的。但是生在城市的人，从小面对的就是大社会，而不是单独的某个人，更习惯人与人之间等价交换的维系方式。所以即便内心并无恶意，也很难做到用适当的人情，来回应婆婆的付出。

很多时候，我们可以看到婆婆愿意帮忙带孩子、做家务，其实婆婆要的并不多，有时候可能只是想听儿媳的一句肯定，而儿媳们又很难掌握这其中的窍门，误解便由此产生。

如果儿媳不懂得怎样正确地哄婆婆，怎样恰当地表达感激与孝顺，婆婆也会觉得自己的付出没能得到回报。在这样的情绪积累下，两人就很容易因为一件鸡毛蒜皮的小事，发生冲突。

来自农村的婆婆习惯用人情往来，而城市中的富家儿媳更适应等价交换的方式。社会观念上的冲突与差异或许难以消磨，但如果双方能多一点理解，多一点包容，也未尝不可和谐相处。

婆婆是个小心眼怎么办

有个学员上来就说自己家的婆媳关系特别不好。她觉得婆婆太小心眼，没办法跟婆婆共处，这种紧张的关系甚至已经影响到了她的婚姻。

婆媳关系在婚姻中也是起着至关重要的作用的，很多人就是因为婆媳关系相处不好，最终导致婚姻破裂。那么我们应该怎样解决这种难题呢？

首先，你要考虑的第一个问题，就是搞清楚你的婆婆在什么方面比较小心眼？

其次，还要仔细思考为什么你觉得婆婆是小心眼呢？既然你的心眼比她大，为什么你还会被她的行为伤到呢？如此一来，是不是说明你也不够大度？她的行为引起了你的应激反应，意味着她的做法在你看来是不好的，所以你才对她做出了小心眼的评价。

这时我们要反思一下，自己的评价标准是不是有问题？她的这种小心眼行为引起了你怎样的反应？当大家想清楚这些问题，再针对不同情况，进行不同的引导，慢慢磨合，找寻能让婆媳双方都舒适的交流方式。

再次，还要考虑一个重要的问题，在你与婆婆的矛盾中，老公有没有协助你呢？在有些方面，你要与老公达成一致，让他在你与婆婆之间起到一个调和剂的作用。如果你没有与老公提前交流清楚，无法调和婆媳关系，甚至最终导致婚姻面临更大危机。所以，在婆媳关系问题上，与另一半的沟通也很重要。

最后，我想提醒一下各位正为婆媳关系而烦心的女孩们，你觉得你有十足的把握调整六七十岁的婆婆的行为方式吗？她以这种方式生活了一辈子，无论她的观念是否与现代社会相适应，都是非常根深蒂固的，转变起来相当困难。所以，既然不能互相理解，那么至少也该互相尊重。你可以不理解婆婆的行为方式，但请表现出应有的尊重，尝试着与婆婆沟通交流，从心里把她当成你真正的家人。尊重与真诚，才是获取婆媳间和谐关系的一柄金钥匙。

恋一生：让你幸福相爱的秘诀